劳动教育
LAODONG JIAOYU

主　编　刘文龙
副主编　张　懿　钟　莹
　　　　张　兰　周国娟　赵爱芹

西安交通大学出版社
XI'AN JIAOTONG UNIVERSITY PRESS

图书在版编目（CIP）数据

劳动教育/刘文龙主编. -- 西安：西安交通大学出版社，2024.7. -- ISBN 978-7-5605-8070-8
I. G40-015
中国国家版本馆CIP数据核字第2024RX1378号

书　　名	劳动教育
	Laodong Jiaoyu
主　　编	刘文龙
副 主 编	张　懿　钟　莹　赵爱芹　张　兰　周国娟
策划编辑	曹　昳
责任编辑	刘艺飞
责任校对	张明玥
出版发行	西安交通大学出版社
	（西安市兴庆南路1号　邮政编码710048）
网　　址	http://www.xjtupress.com
电　　话	（029）82668357　82667874（市场营销中心）
	（029）82668315（总编办）
传　　真	（029）82668280
印　　刷	陕西印科印务有限公司
开　　本	787 mm×1092 mm　1/16　印张 15.75　字数 350千字
版次印次	2024年7月第1版　2024年7月第1次印刷
书　　号	ISBN 978-7-5605-8070-8
定　　价	56.00元

如发现印装质量问题，请与本社市场营销中心联系。
订购热线：（029）82665248　（029）82667874
投稿热线：（029）82668502
读者信箱：phoe@qq.com

版权所有　侵权必究

编委名单

主　编　刘文龙
副主编　张　懿　钟　莹　赵爱芹　张　兰　周国娟
编　委　（按姓氏笔画排序）
　　　　　王　丹　王　杰　史晓光　刘文龙　李海芬
　　　　　张　兰　张　红　张　懿　吴　迪　陈佳妮
　　　　　周国娟　赵爱芹　钟　莹　景　艳

各模块主笔人信息

模块	主笔	单位
序言	张　懿	北京经济管理职业学院
模块一　探索劳动之源	张　兰	深圳职业技术大学
模块二　认识劳动之器	王　杰	北京经济管理职业学院
模块三　掌握劳动之技	周国娟　李海芬	北京经济管理职业学院 北京国德建设有限公司
模块四　遵守劳动之法	景　艳	深圳职业技术大学
模块五　遵循劳动之道	钟　莹　陈佳妮	北京经济管理职业学院
模块六　感受劳动之乐	张　红　吴　迪	北京农业职业学院
模块七　感悟劳动之美	赵爱芹　史晓光	北京市丰台区职业教育中心学校
模块八　探究劳动之创	刘文龙	北京经济管理职业学院
素材整理	王　丹	北京经济管理职业学院

序 言

党的二十大报告提出"坚持尊重劳动、尊重知识、尊重人才、尊重创造",在全社会弘扬劳动精神、奋斗精神、奉献精神、创造精神、勤俭节约精神,培育时代新风新貌。习近平总书记指出:"要大力弘扬劳模精神、劳动精神、工匠精神,发挥好劳模工匠示范引领作用,激励广大职工在辛勤劳动、诚实劳动、创造性劳动中成就梦想。"

人类社会自从有了劳动分工就有了各种各样劳动的技能传授活动,从春秋战国时期的《考工记》、魏晋南北朝时期的《齐民要术》,到西汉时期的《氾胜之书》、宋代的《营造法式》,再到明代的《天工开物》《本草纲目》等史料典籍中,都记载了我国古代在农业、手工业等方面精湛的技术技艺,同时也蕴含了"工师授徒""实践授受""教学相长"等丰富的古代职业教育思想。千百年来,从体力劳动到脑力劳动,从传统的手工劳动到高科技人工智能,劳动的内涵和外延都发生了巨大的变化。勤劳质朴的劳动人民通过双手和智慧创造出灿烂文化和技艺瑰宝,并代代相传、生生不息,形成了一篇宏伟壮丽、跌宕起伏的文明史诗。

当前,在职业教育中尚普遍存在着"有教育无劳动"和"有劳动无教育"的问题,劳动的独特育人价值在一定程度上被忽视,影响了德智体美劳五育并举的教育体系发挥作用,也影响了社会主义建设者和接班人的劳动精神面貌、劳动价值取向和劳动技能水平。2020年3月,《中共中央、国务院关于全面加强新时代大中小学劳动教育的意见》(以下简称《意见》)对新时代劳动教育作出全面部署,提出要"积极探索具有中国特色的劳动教育模式"。针对职业教育类型特点,《意见》提出"职业院校以实习实训课为主要载体开展劳动教育"。教育部印发的《大中小学劳动教育指导纲要(试行)》强调,职业教育要"重点结合专业特点,增强职业荣誉感和责任感,提高职业劳动技能水平,培育积极向上的劳动精神和认真负责的劳动态度"。

为了进一步从实践层面深入探索职业教育中劳动教育的途径和方法,本教材作

劳动教育

为西安交通大学出版社2022年立项的教材项目，汇聚了北京、西安、深圳等多地的职业教育领域专家、教授、学者，历时两年，精心打磨，创新探索，在理念创新、内容创新、形式创新上持续深耕和精进，期待以全新的劳动教育助推"三教"改革，现将本教材的核心思想与理念一一为读者们呈现。

理念创新——本教材坚持以习近平新时代中国特色社会主义思想为指导，全面贯彻党的教育方针，落实全国职业教育大会精神，坚持立德树人，培育和践行社会主义核心价值观，紧扣培养德智体美劳全面发展的社会主义事业建设者和接班人的育人目标，结合职业教育特点，以"生产生活劳动+实习实训劳动+公益服务劳动"为主要内容，梳理了劳动发展的历史脉络、地缘特征、产业分布、精神引领等，全面阐释了劳动是一切财富与价值的源泉。

内容创新——本教材以"探"字贯穿劳动教育始终，引用大量珍贵的史料典籍和翔实的案例激发学生的学习兴趣。从追溯人类文明探索劳动之源开始，我们跟随历史的演化探寻劳动之器，传承创新探讨劳动之技，慎思明辨探析劳动之法，古今隔空探问劳动之道，体悟生活探寻劳动之趣，沉淀心灵探求劳动之乐，遍布四方探访劳动之美，最后，我们一起围绕创新创业、开拓进取探究劳动之创。

形式创新——本教材兼具活页式和融媒体式两大新型教材的特点，把"劳动技能的典型任务及工作过程知识"作为教材主体内容，充分挖掘不同历史时期、不同地域、不同民族、不同产业、不同专业大类等与劳动技能、职业活动相关的资源素材。

坚持"三个蕴含"——本教材在编写过程中牢牢把握立德树人根本任务，体现出了"三个蕴含"，一是全面蕴含了课程思政要素，强化马克思主义劳动观、劳动精神、劳模精神、工匠精神的教育，在进行职业劳动知识技能教学的同时，注重培养"干一行爱一行"的敬业精神和吃苦耐劳、团结合作、严谨细致的工作态度；二是全面蕴含了新技术、新标准、新规范、新工艺发展的进程；三是全面蕴含了职业教育专业目录、专业大类、职业大典，让新职业和劳动有机融合。

坚持"三个导向"——本教材结合职业教育的特点坚持"三个导向"，即问题导向，结合职业院校学生的特点引导学生去思考，让学生结合自身的知识技能经验，带着问题去学习；任务导向，以任务实践作为目标，通过个人探究、团队协作等方式完成教材里的任务、不同学校的特色任务，提供可选式任务菜单；成果导向，对学生完成的家务劳动、校内劳动、实训劳动、社会劳动的成果进行分析，结合过程评价、增值评价、综合评价和结果评价一体化设计，给予学生全面、科学的劳动教育认定。

打通"三个课堂"——本教材充分体现了"职业－劳动－教育"的紧密联系，通过打通"一二三"课堂的壁垒，将劳动教育贯穿育人的全方位和全过程。将劳动教育纳入第一课堂，劳动与德、智、体、美、校本教育相融合，发挥树德、增智、强体、育美的综合育人价值；将劳动教育纳入第二课堂，通过科技节、文化节、读书节等活动促进学生积极主动地参与劳动学习、技能提升和服务社会；将劳动教育融入第三课堂，结合丰富的课程实训、社会实践、技能大赛等相关的内容进行延伸、渗透和融合，让劳动教育无时不在、无处不在。

推广价值——本教材的开发遵循了新时代赋予职业教育的劳动教育新使命，以全新的视角开展劳动教育的改革与创新，具有思想性、创新性、系统性、普适性和实践性等特点，适合在全国中职院校、高职院校、职教本科院校及应用型本科院校中广泛使用。

思想性：本教材运用马克思主义劳动观培育社会主义事业建设者和接班人，运用中国古代典籍、文化中的丰富案例，弘扬社会主义核心价值观；强调劳动者是国家的主人，一切劳动和劳动者都应该得到鼓励和尊重。

创新性：本教材将理论教育与专业技能相结合，将劳动观念和劳动精神教育贯穿人才培养全过程，注重让学生在学习和掌握基本劳动知识技能的过程中，领悟劳动的意义价值，形成勤俭、奋斗、创新、奉献的劳动精神。

系统性：本教材纵观华夏文明上下五千年历史，横跨广阔地域，覆盖各行各业，从历史、地理、民俗、文化、产业、专业等不同维度系统阐释劳动创造世界、劳动创造幸福。

普适性：本教材深挖针对青年学生的各类型劳动教育元素，采用线上线下混合方式提供国内外大量丰富的信息资源，适用于全国中等职业院校、高职院校、职教本科及应用型本科院校的青年学生。

实践性：本教材体现职业教育的多元、融合、跨界的特点，重点结合不同的专业领域，增强职业荣誉感和责任感，提高职业劳动技能水平，培育积极向上的劳动精神和认真负责的劳动态度。引导学生面对生活世界和职业世界，学会建设世界、塑造自己，以动手、动脑、动心和动情的实践获得具有积极意义的价值体验，实现以劳动教育引领树德、增智、强体、育美的目的。

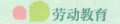

新时代赋予了职业教育新使命，新修订的《中华人民共和国职业教育法》明确规定："实施职业教育应当弘扬社会主义核心价值观，对受教育者进行思想政治教育和职业道德教育，培育劳模精神、劳动精神、工匠精神，传授科学文化与专业知识，培养技术技能，进行职业指导，全面提高受教育者的素质。"全国职业教育大会提出"建设技能型社会"的理念和战略，职业教育基于"不同类型、同等重要"的定位，高举"技能型社会"这面旗帜，积极探索具有中国特色的劳动教育模式，弘扬"劳动创造了人本身""劳动创造世界""劳动创造幸福"，让技术技能"长入"经济、"汇入"生活、"融入"文化、"渗入"人心，促进学生形成正确的世界观、人生观、价值观，走出一条具有中国特色的现代职业教育发展之路，在时光流转中留下清晰的历史印迹。

本教材由刘文龙教授担任主编，北京经济管理职业学院、深圳职业技术大学、北京农业职业学院、北京丰台职教中心等单位的专家、学者共同参与编写。特别感谢西安交通大学出版社为本教材的问世提供了大量专业化指导和帮助。

我国职业教育"劳动教育"教材建设尚处于发展初期，本教材编写团队在教学实践过程中不断地思考、摸索和积累，在教材的体系梳理、思路创新、内涵把握过程中已经尽了最大的努力。但是由于能力有限，还需要在使用过程中进一步调整和完善，热忱欢迎广大读者提出意见和建议。

《劳动教育》教材编写组

2024 年 3 月 3 日

目 录

模块一　探索劳动之源　/1
　　任务一　劳动创造世界　/3
　　任务二　劳动创造价值　/9
　　任务三　弘扬劳动精神　/20

模块二　认识劳动之器　/29
　　任务一　认识劳动工具　/31
　　任务二　感悟大国重器　/47
　　任务三　创新劳动工具　/61

模块三　掌握劳动之技　/71
　　任务一　劳动塑造自我　/73
　　任务二　劳动成就工匠　/84
　　任务三　劳动服务社会　/92

模块四　遵守劳动之法　/103
　　任务一　遵守劳动法规　/105
　　任务二　遵守劳动纪律　/118
　　任务三　关注劳动安全　/123

模块五　遵循劳动之道　/ 129

　　任务一　劳动与生活　/ 131

　　任务二　劳动与技艺　/ 139

　　任务三　劳动与精神　/ 149

模块六　感受劳动之乐　/ 157

　　任务一　快乐属于劳动者　/ 159

　　任务二　幸福属于劳动者　/ 164

　　任务三　光荣属于劳动者　/ 169

模块七　感悟劳动之美　/ 175

　　任务一　劳动创造美好　/ 177

　　任务二　劳动塑造自己　/ 188

　　任务三　劳动铸就匠心　/ 201

模块八　探究劳动之创　/ 217

　　任务一　劳动与创新　/ 219

　　任务二　劳动与创业　/ 226

　　任务三　劳动与创造　/ 235

模块一 探索劳动之源

学习目标

  劳动是创造物质财富和精神财富的过程,是人类特有的基本社会实践活动。通过学习本模块,牢固树立劳动最光荣、劳动最崇高、劳动最伟大、劳动最美丽的观念;懂得诚实劳动创造美好生活、实现人生梦想的道理;继承中华民族勤俭节约、敬业奉献的优良传统,弘扬开拓创新、砥砺奋进的时代精神。

 知识目标

理解劳动创造人，劳动创造社会，劳动是一切财富的源泉的内涵；

理解新时代劳动精神的内涵。

 能力目标

能辨别不同形式的劳动对社会发展进步产生的影响；

能分析四次工业革命导致的劳动形态的变化；

能辨别行业中不同的劳动形式，并能分析劳动者是如何用劳动创造财富的。

 素质目标

树立劳动创造财富的价值观；

增强劳动意识与新时代劳动精神。

任务一

劳动创造世界

（1）人类文明起源与人类社会快速发展的过程中，劳动起了什么作用？

（2）劳动在推动中华文明发展、推动社会进步的过程中做出了哪些贡献？

（一）四大文明古国

人类是由3000万年前的古猿进化而来的，大约在250万年前，由于气候及环境的变化，古猿有了质的变化，从最初的四肢爬行，到前后肢的分工协作。古猿的前肢逐渐学会了抓握工具并使用这些工具进行劳动，后肢则支撑身体和直立行走。古猿在劳动的过程中，逐渐摸索出打造粗糙石器的技术，制作出一批适合劳动协作的工具。同时，在使用劳动工具的协作中，促进了语言交流。劳动工具的制造和使用，使得古猿逐渐进化到人类，这也是人类诞生的标志。随后人类开始进入农耕时代，经历了旧石器和新石器时代。人类在劳动的过程中逐渐形成了书面的文字记录，自此人类文明正式开启。目前国际学术界公认的四个人类文明最早诞生的地区分别是古埃及、古巴比伦、古印度和中国。

古埃及文明。公元前4000年左右，尼罗河上游暴雨连绵，河水暴涨，河水穿过撒哈拉沙漠后，带走大量的泥沙，在下游堆积成土壤肥沃的平原，尼罗河聚集了数百万人开始农业种植。古埃及人根据尼罗河河水的涨落和作物生长的规律，将一年分

古埃及文明失落之谜——一个死文明的复活

为泛滥、播种和收割3个季节，每一季节为4个月，共12个月，每月30天，年末余下5天为年终祭祀日，全年共365天。这就是古埃及人创造的人类历史上最早的太阳历，主要确定一年和一月中的天数。古埃及太阳历的制定促进了农业生产的发展，为人们的生产生活提供了便利的条件，也对后世其他国家产生了积极影响。

古巴比伦文明。它起源于美丽的美索不达米亚平原，这个地方位于西亚的两河流域幼发拉底河和底格里斯河（今天伊拉克境内），此地水源充足，土壤肥沃，十

分适宜发展灌溉农业。随着早期的苏美尔人逐渐在此地定居下来，这里也开始出现最早的两河文明。为了在农耕中方便观察天象，使记载的庞大数字长久保存，古巴比伦人发明了楔形文字、六十进制等。楔形文字是笔画呈楔形的文字，人们把这些文字小心地用一根尖尖的棍子刻在砖石或者泥板上。"六十进制"是以60为基数的进位制，至今仍用作记录时间、角度和地理坐标。

古印度文明。它起源于印度河、恒河形成的冲积平原。从公元前2000多年前开始陆续出现一些小国家，后来在印度河、恒河流域建立起农历制度国家。古印度最重要的成就是发明了数的记号，以及创造了0的概念和符号，后经阿拉伯人略微修改，传播至欧洲，逐渐演变成全世界通用的阿拉伯数字。

中国文明。中国的文明被称为中华文明，起源于黄河流域。大约在公元前3000年前，在黄河流域出现两个部落，炎帝部落与黄帝部落，后人自称为炎黄子孙。自古相传的三皇五帝，三皇（不同著作中对三皇有不同的说法，此处采用《尚书大传》的说法）中的天皇"燧人"发明了取火的方法；地皇"伏羲"教会了人们狩猎，创立中国最早的文字；人皇"神农"创立了农业。这些都是劳动人民智慧的结晶，使得中华文明源远流长。

中国史话

（二）中华文明中的劳动

古老的中华文明中很多劳动成果至今都为人们所享用，从钻木取火到结绳记事、大禹治水，再到我们引以为傲的四大发明，都是劳动人民智慧的结晶，并为后世留下了宝贵的财富。

钻木取火

伏羲被奉为华夏民族的"人文始祖"

探源神农氏

 **劳动知识**

习近平总书记指出"劳动是推动人类社会进步的根本力量"。劳动者不仅可以自由劳动，而且可以通过劳动追逐个人人生梦想、实现人生价值、创造更加美好的生活。新中国成立以来，尤其是改革开放以来，党和国家的各项事业取得的举世瞩目的成就，与全体中华儿女的辛勤劳动是密不可分的，未来我们还将依靠脚踏实地的劳动实现伟大的中国梦。

新时代我们应以平等的态度对待每一位劳动者，不论何种职业类型，他们都应得到尊重与鼓励；坚持公平正义原则，构建合理的利益协调机制，通过制度建设与改革，提升劳动者的经济、政治、社会地位，实现好、维护好、发展好广大劳动者的根本利益，让他们拥有更加体面的工作；树立正确的利益观，依法处理劳动关系纠纷，构建起以人为本、互助共赢的和谐劳动关系。

 **案例引入**

中华民族是勤于劳动、善于创造的民族，正是因为劳动创造，我们才拥有了今天的成就。新中国成立后，在一穷二白的条件下建设社会主义新中国，成为党和亿万人民群众的共同目标。在那段岁月里，站起来的中国人开始如火如荼地投入建设，涌现出一批批不同行业的劳动者，他们不断推进建设、改革，复兴事业、披荆斩棘，艰苦创业、铸就辉煌。"马恒昌小组"在29年中累计完成43年零10个月的工作量，实现技术革新840多项；铁人王进喜率领钻井队艰苦创业，不仅打出了大庆第一口油井，还克服重重困难创造了年进尺十万米的奇迹，为我国石油事业发展立下汗马功劳；邓稼先在美国获物理学博士学位后，坚定不移回到祖国，兢兢业业、呕心沥血，为我国第一颗原子弹和第一颗氢弹试验成功立下卓越功勋；申纪兰为了改变家乡的贫穷面貌，带领"娘子军"苦干多年，最终给光秃秃的荒山披上了绿装；邢燕子放弃回天津市区工作的机会，回乡务农并组织"邢燕子突击队"，奋发改变家乡贫穷面貌。还有"杂交水稻之父"袁隆平、"知识工人"邓建军、"马班邮路"忠诚信使王顺友、"中国航空发动机之父"吴大观、发明"王码五笔字型"推动汉字信息化的王永民、"产业工人典型"许振超、"蓝领专家"孔祥瑞、"工人发明家"包起帆等一大批先进工作者，他们带动广大群众锐意进取、积极投身改革开放和社会主义现代化建设，为国家和人民作出伟大贡献。

 劳动教育

近年来，随着数字经济的繁荣发展，中国经济社会发生巨大变化，依托互联网平台的新行业、新业态不断出现，以快递员、外卖小哥、网约车司机为代表的新业态从业人员已渗透到居民生活的方方面面，这些职业也为建设和谐社会起到了积极作用。

（1）从新中国成立到今天，劳动形态发生了哪些变化？

（2）你所了解到的新职业还有哪些？

● 子任务一　你所知道的劳动推动我国社会进步的案例有哪些？

劳动是人类的本质活动，是推动人类社会进步的根本力量。中华民族的辉煌历史，当代中国震惊世界的发展奇迹，都是勤劳智慧的中国人民用伟大的劳动创造托起的。习近平总书记强调："幸福不会从天而降，梦想不会自动成真。"回望历史，"中国奇迹"的创造，无不凝聚着广大劳动者的智慧和汗水；生活的美好、社会的进步，都源于平凡艰辛的劳动。

请你想一想，搜一搜，新中国成立后，在各行各业积极建设社会主义新中国的道路上，涌现出的"中国奇迹""中国震撼"有哪些？这些奇迹和震撼在促进中国社会发展的过程中起到了什么作用？

模块一　探索劳动之源

序号	涉及行业	劳动案例

● **子任务二　你劳动时的感触是什么？**

作为当代大学生，你在学校进行的劳动有哪些？谈谈你劳动时的过程和内心的感触是什么。

劳动教育

我的劳动笔记

劳动过程

劳动感悟

任务二
劳动创造价值

1. 第一次工业革命

18世纪60年代中期,从英国开始的技术革命是技术发展史上的一次巨大变革,它开创了以机器代替手工工具的时代。这不仅是一次技术改革,更是一场深刻的社会变革。这场革命是以发明、改进和使用机器开始的,以蒸汽机作为动力机被广泛使用为标志。这一次技术革命和与之相关的社会关系的变革,被称为第一次工业革命或产业革命。从生产技术方面来说,工业革命用工厂制代替了手工工场,用机器代替了手工劳动;从社会关系来说,工业革命使依附于落后生产方式的自耕农阶级消失了,工业资产阶级和工业无产阶级形成并壮大起来。

2. 第二次工业革命

19世纪最后30年和20世纪初,世界由"蒸汽时代"进入"电气时代",被称为近代历史上的第二次工业革命。在这一时期里,一些发达资本主义国家的工业总产值超过了农业总产值,工业重心由轻纺工业转为重工业,出现了电气、化学、石油等新兴工业部门。19世纪70年代以后,发电机、电动机相继发明,远距离输电技术的出现使电气工业迅速发展起来,电力在生产和生活中得到广泛的应用。内燃机的出现为汽车和飞机工业的发展提供了可能,也推动了石油工业的发展。化学工业是这一时期新出现的工业部门,塑料、绝缘物质、人造纤维、无烟火药相继发明并投入了生产和使用。原有的工业部门,如冶金、造船、机器制造,以及交通运输、电信等部门的技术革新加速进行。

3. 第三次工业革命

20世纪四五十年代以来,世界各国在原子能、电子计算机、微电子技术、航天技术、空间技术、应用分子生物学和遗传工程等领域取得重大突破,标志着新的科学技术革命的到来,被称为第三次工业革命。第三次工业革命是人类文明史上继蒸汽技术革命和电力技术革命之后科技领域里的又一次重大飞跃,是涉及信息技术、新能源技术、新材料技术、生物技术、空间技术和海洋技术等诸多领域的一场信息控制技术革命。这次科技革命不仅极大地推动了人类社会经济、政治、文化领域的变革，而且影响了人类生活方式和思维方式，它直接的表现是工业机器人代替流水线工人，从而引起生产方式的根本改变，导致直接从事生产的劳动力数量快速下降，劳动力成本占总成本的比例越来越小，人类社会生活和人的现代化向更高境界发展。

4. 第四次工业革命

是以物联网、大数据、机器人及人工智能等技术为主导的，继蒸汽技术、电力技术、计算机及信息技术之后的又一次革命。前三次工业革命使得人类发展进入了空前繁荣的时代，与此同时，也给人类带来了空前的全球能源与资源危机、全球生态与环境危机、全球气候变化危机等多重挑战。而第四次工业革命是以绿色要素投入为特征，以能够自主学习的人工智能为代表的数字技术驱动社会生产方式的变革，从规模经济转向范围经济，构建出异质化、定制化的产业，催生出消费者驱动的商业模式。人工智能、物联网、无人驾驶汽车、3D 打印、5G 通信、能源储存和量子计算，都是这次工业革命的标志性技术。

中国创新拥抱第四次工业革命

这次工业革命是中国第一次与美国、欧盟、日本等发达国家站在同一起跑线上。事实上，目前在 3D 打印和机器人工程学领域，全球超过四分之一的专利申请来自中国，所占比例为全球各国之首。在纳米技术方面，中国是全球第三大专利申请来源国，大约占全球申请量的 15%。华为的 5G 技术提升了网络接入速度且降低了接入延迟，在信息与通信领域一马当先。中国大疆创新科技有限公司凭借领先的技术实力成为全球顶尖的无人飞行器控制系统研发和生产商，客户遍布全球 100 多个国家和地区，占据全球小型无人机市场过半份额。第四次工业革命使得中国在世界上独树一帜，教育和科研的进步使中国的创新能力得到迅速提高。

劳动知识

劳动创造了物质财富。生产商品的劳动具有二重性，即具体劳动和抽象劳动。其中，具体劳动创造商品的使用价值，凝结在商品中的一般的、无差别的抽象劳动是形成商品价值的唯一源泉。商品价值的大小，取决于生产它所必需的相对劳动量。因此，马克思认为，劳动是创造价值的唯一源泉。

劳动创造了精神财富。恩格斯指出，用自己勤劳的双手和辛勤的劳动认识和改造客观世界，创造丰裕富足的物质生活和多姿多彩的精神生活，从而使人自身得以不断发展和全面提升，这是人类社会的最本质特征和最伟大之处。人们在劳动中丰富了思想，收获了快乐，劳动是精神财富取之不尽、用之不竭的源泉。新

劳动铸就中国梦

中国成立以来，原子弹爆炸成功，人造卫星升空等一系列成就背后涌现出大批默默奉献着的劳动者，他们不仅在岗位上创造了自己的人生价值，也通过劳动创造了鼓舞一代代中国人奋发有为的精神财富，汇聚成中华民族特有的劳动精神和时代精神，推动社会的发展，从而铸就中国梦。

敦煌，古代劳动人民的财富

古代敦煌向来以河西重镇、丝路要冲、莫高窟而闻名，这里人口众多，农业、牧业、手工业都很发达，聚居在敦煌的各族人民通过大量劳动实践，总结出适宜于本地生产生活的经验和方法。千年敦煌灿烂的文化，正是古代敦煌劳动人民共同智慧的结晶，让我们一起来看看敦煌壁画中古人的劳动智慧。

西汉开发河西四郡之时，我国的数学已达到很高的水平，敦煌藏经洞出土文献中就有20多件数学文献，涉及古代乘法口诀、乘方、十进制、筹算、数码及有关田亩、堤坝、度量等测量和计数的方法，在科学史、文化史上具有重大价值。

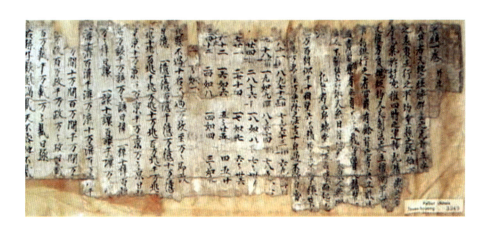

九九表

> 劳动教育

魏晋时期，随着佛教经典的编译及波斯、粟特、印度天文、占星术士的入华，源自希腊、罗马并经改造的天文、占星术概念和技术陆续传入中国，但大举进入官方天文历法体系和民间日常生活，则是在晚唐、五代。出自敦煌藏经洞的全天星图被誉为"中国古代重要的科技发明创造"，它是迄今发现的第一张用不同颜色的点来区别星表所列星的星图。

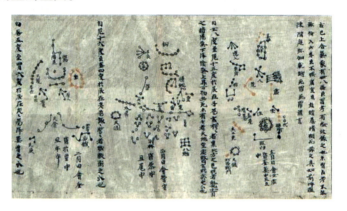

全天星图

秤作为衡量物品重量的器具也被敦煌文书记载。秤主要用来称无法用斗、升等度量的物品及比较贵重的金银珍宝及药材。不少敦煌遗书中都可以发现关于百姓向寺院借用秤的记录。

十字交叉座天平　晚唐

桔槔是一种原始的汲水工具，它的结构相当于一个普通的杠杆，在其横长杆的中间由竖木支撑或悬吊起来，横杆的一端用一根直杆与汲器相连，另一端绑上或悬上一块重石头。在莫高窟第302窟有这样一幅画面，井旁边有一高木杈，上架横杆，杆的尾部悬挂一石块，有两人正用桔槔提水。

桔槔与水槽　隋

冶铁业及铁器生产是唐代以来敦煌的一种特殊手工业，当时需要的各种铸造农具、家具、器皿、寺院供养具及普通兵器大都是在当地生产的。敦煌文书记载，唐、五代、宋时期，敦煌有一批铁匠，又名"铁博士"。榆林窟第3窟"冶铁图"则展现了西夏时期冶铁技术水平，铁匠使用风箱鼓风，使炉膛始终保持所需高温。

冶铁图　西夏

我国是具有悠久酿酒历史的国家，敦煌地区的酿酒生产在汉代已经出现，古代敦煌民众不但掌握了粮食酒的酿造工艺，还学会了酿造葡萄酒。敦煌汉简、居延汉简中都有酿酒、制曲的记录。

酿酒图·西夏

劳动教育

敦煌藏经洞保存的医学著作和与此有关的药方、药物等医药学文献，被现代学者认为是一千年前世界上最先进的医学成果遗存，内容涉及医经、五脏、诊法、伤寒、医方、本草、针灸等方面，更令人惊叹的是，原来千百年前，我国人民就认识到了食疗养生的重要性。

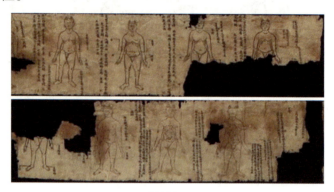

灸法图

现存于国内外的敦煌医学文献多撰成于六朝及其以前，也有部分撰于隋唐时期。这些文献中包含许多失传的医药古籍，还有部分流传至今的古籍的最早版本。这些文献展现了早期医学文献的原貌，因而对研究中国医药发展史，澄清医药文献的部分疑难问题，以及校勘、补缺、探求宋以后木刻本文献的源流，都具有非常重要的意义和价值。

病人服药　宋

汉代敦煌地区普遍使用铁农具，在敦煌马圈湾、甜水井屯戍遗址中出土有铁锄、刀、镰、锛、凿等农具。出现在敦煌壁画中的农作图，描绘了古时百姓生产劳动的情景，其中保存的农具图像多达数十种。

曲辕犁　盛唐

敦煌地区石磨的使用是和汉代建郡、移民屯田、发展农业生产同时开始的。莫高窟第 321 窟"十轮经变"中绘有一女子单手操作的手推磨，手摇石磨使用了曲柄摇手，以减轻劳动强度。榆林窟第 3 窟绘有"踏碓图"，表现了农家踏碓舂米的劳动场景。

耕地与收割图　盛唐

敦煌虽地处陆上丝绸之路，但壁画中也保存了丰富的舟船图像，甚至还有古人撒网捕鱼的画面。敦煌藏经洞遗书中也有记载舟船及其构造的文献。

撒网捕鱼　北周

15

劳动教育

古人在劳动中获得经验,总结出在实践中行之有效的知识体系。这些涵盖方方面面的劳动智慧,宛如日月星辰,长久地影响着后来的人们,并依旧关照着我们今天的生活。

——图文来源于敦煌研究院

(1)敦煌壁画中展现的古代人民的劳动智慧有哪些?

序号	涉及行业	劳动案例

(2)通过案例的学习,你认为我国古代劳动人民的智慧是如何影响着现在社会的发展的?为社会的发展带来了哪些方面的财富?

子任务一　古诗中的劳动。

中华民族是一个非常勤劳的民族，在中华五千年的历史中，关于劳动的诗篇数不胜数。翻开我国古代文学作品，历代文人墨客写下了许多关于古人辛勤劳动的诗篇，讴歌劳动人民是中国传统劳动思想的重要内容，"民为邦本，本固邦宁"凸显的是劳动人民在强基固本中的重要性。作为最早的诗歌总集，《诗经》有大量描述古代劳动人民的篇幅，这些诗歌凸显了劳动在人的生存和发展中的重要性，表达了尊重劳动、崇尚劳动的文化传统。

国风·周南·芣苢

采采芣苢，薄言采之。
采采芣苢，薄言有之。
采采芣苢，薄言掇之。
采采芣苢，薄言捋之。
采采芣苢，薄言袺之。
采采芣苢，薄言襭之。

（1）全诗通过"采采芣苢，薄言采之"描述_____，通过"采采芣苢，薄言掇之"具体描写_____动作，写出采摘嫩小芣苢的动作，描述了_____。

该诗歌生动反映了我国劳动人民的_____品格。

（2）请举出两首描绘劳动的诗词。

（3）结合自己所学专业，抒写一首诗歌表达劳动的感悟。

▶ 子任务二　我的财富我创造——如何通过自身的劳动去创造财富呢？

面对新时代的发展要求，我们必须清醒地认识到，好逸恶劳、坐享其成等错误的劳动观依然存于部分当代大学生心中。部分大学生不爱劳动、不会劳动这一问题在宿舍的集体生活中暴露无遗，宿舍卫生一团糟，甚至演变成了许多宿舍矛盾的导火索。放假回家，还依然过着"衣来伸手、饭来张口"的生活，不为父母分担劳动，导致家庭矛盾逐渐升级。在就业和择业方面，许多学生眼高手低，不愿意到基层工作，不愿意到偏远地区工作，从而错失了许多好的就业机会。

作为新时代的大学生，在求学和未来的工作中，请结合自身实际情况，谈谈如何通过劳动去创造财富。

▶ 子任务三　强国有我——智能制造的发展需要新时代大学生如何做呢？

党的十九届五中全会审议通过了《中共中央关于制定国民经济和社会发展第十四个五年规划和二〇三五年远景目标的建议》（以下简称《建议》），提出坚持把发展经济着力点放在实体经济上，坚定不移建设制造强国、质量强国、网络强国、数字中国，推进产业基础高级化、产业链现代化，提高经济质量效益和核心竞争力。

建设制造强国，一个关键就是加快发展现代产业体系，推动经济体系优化升级，推进产业基础高级化、产业链现代化。没有强大的制造业，就没有国家和民族的强盛。打造具有国际竞争力的制造业，是我国提升综合国力、保障国家安全、建设世界强国的必由之路。

中国在向制造强国转变的过程中，新时代大学生应该如何做呢？结合自己所学专业，采用自己喜欢的拍照、拍视频、绘画等方式呈现。

模块一　　探索劳动之源

我的劳动笔记

劳动过程

劳动感悟

任务 三

弘扬劳动精神

五一国际劳动节与中国人民庆祝劳动节的历史演变

19世纪80年代，随着资本主义进入垄断阶段，美国无产阶级的队伍迅速壮大，出现了波澜壮阔的工人运动。当时美国资产阶级为了进行资本积累，对工人阶级进行了残酷的剥削压榨，他们用各种手段迫使工人每天从事长达12~16小时的劳动。美国广大工人逐渐认识到，为了保障自己的权利，必须起来进行斗争。1886年5月1日，美国芝加哥等城市的35万工人举行大罢工和游行示威，要求实行8小时工作制、改善劳动条件，这场斗争震撼了整个美国。8小时工作制的口号提出后，立即得到美国全国工人阶级的热烈支持和响应，许多城市数以千计的工人投入了这场斗争，罢工工人遭到美国当局的血腥镇压，很多工人被杀害和逮捕。工人阶级团结战斗的强大力量，迫使资本家接受了工人的要求，美国工人的这次大罢工取得了胜利。

1889年7月，由恩格斯领导的第二国际在巴黎举行代表大会，为了纪念美国工人的"五一"大罢工，显示"全世界无产者联合起来！"的伟大力量，推进各国工人争取8小时工作制的斗争，会议通过决议，规定5月1日为国际劳动节，并举行劳动者的游行。1890年5月1日，欧美各国的工人率先走向街头，举行盛大的游行与集会，争取合法权益。从此，每年的5月1日，世界各国的劳动人民都要集会、游行，以示庆祝。

中国人民庆祝劳动节的活动可追溯至1918年。这一年知识分子在上海、苏州、杭州、汉口等地向群众散发介绍"五一"的传单。1920年5月1日，《新青年》"劳动节纪念号"出版，发表蔡元培"劳工神圣"的题词、孙中山"天下为公"的题词和李大钊的《"五一"运动史》等文章。新中国成立以后，国务院将5月1日定为法定的劳动节，每年的这一天举国欢庆，人们换上节日的盛装，兴高采烈地聚集在公园、剧院、广场，参加各种庆祝集会或文体娱乐活动，并对有突出贡献的劳动者进行表彰。1989年以后，国务院每5年表彰一次全国劳动模范和先进工作者，无论是时传祥、王进喜、张秉贵等老一代劳动模范，还是蒋筑英、包起帆、李素丽、徐虎、王启民、许振超、李斌等新一代劳动模范，他们以自己的实际行动，铸就了爱岗敬业、争创一流、艰苦奋斗、勇于创新、淡泊名利、甘于奉献的新时代的劳动精神，成为我们民族宝贵的精神财富。

劳动精神的内涵及要素

1. 新时代劳动精神

劳动是人类所特有的一种有意识、有目的的社会实践活动，是推动人类社会进步的根本力量，是人类社会存在和发展的基础，也是人类文明的基石。劳动能让人类在创造世界的过程中磨炼意志、吃苦耐劳，并且丰富劳动者的精神世界。

劳动精神是劳动者为创造美好生活而在劳动过程中秉持的理念认知、价值追求和劳动状态、行为实践的集中体现。劳动精神凝结了劳动对人类发展和社会进步的理性认知与感性实践，是所有劳动者的共同特性。人类的一切幸福都需要辛勤的劳动来创造。在人类历史的发展过程中越是尊重劳动和劳动者，维护和保障劳动者的合法权利，人类社会上的劳动关系就越和谐，社会的精神文明程度也就越高。

新时代劳动精神是指在马克思主义劳动观的基础上，我国工人阶级和广大劳动者经过革命、建设和改革时期的伟大实践过程所形成的"崇尚劳动、热爱劳动、辛勤劳动、诚实劳动"的伟大品格，这也是习近平总书记关于工人阶级重要论述的组成部分。习近平总书记高度重视尊崇劳动，并对劳动和劳动者的地位、作用、含义作出了深刻论述，明确提出了弘扬劳动精神是党全心全意依靠工人阶级的根本方针，是对以人民为中心的发展思想的坚持和发展。

2. 新时代劳动精神的要素

新时代劳动精神包含爱岗敬业、争创一流，勤劳节俭、艰苦奋斗，淡泊名利、甘于奉献等要素。

（1）**爱岗敬业、争创一流**。爱岗就是热爱自己本职工作，敬业就是要用一种恭敬严肃的态度对待自己的工作。爱岗敬业、争创一流是劳动精神的基础，人们只有

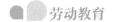

热爱自己的工作岗位，喜欢自己所从事的职业，才能充分发挥自己的专业所长，才能在工作上高标准、严要求，争创一流。

"七一勋章"获得者张桂梅同志就是数十年如一日坚守初心，爱岗敬业，她用实际行动诠释了共产党人的初心和使命。张桂梅同志坚守教育报国初心，牢记立德树人使命，扎根贫困地区40多年，倾力建成全国第一所全免费女子高中，让1600余名贫困山区女学生圆梦大学。为了不让一名女孩因贫困失学，张桂梅坚持家访11年，遍访贫困家庭1300多户，行程十余万公里，用实际行动铺就贫困学子用知识改变命运的圆梦之路。多年来她一直住在学生宿舍，和学生们吃住在一起，陪伴她们学习生活。她长期拖着病体工作，透支了原本瘦弱的身体，换来女子高中学生的好成绩，为国家输送了一批又一批学子。她坚决贯彻党的教育方针，将坚定的理想信念融入办学体系，用红色教育为师生铸魂塑形。2000年，她在领取劳模奖金后，把全部奖金5000元一次性交了党费，她不遗余力践行着"只要我还有一口气，就要站在讲台上"的诺言，她在教书育人岗位上为贫困地区教育事业作出了重要贡献，在她身上充分体现了人民教师潜心育人的敬业精神和立德树人的使命担当。

"干就干一流，争就争第一。"这是山东港口青岛港前湾集装箱码头有限责任公司工程技术部固机高级经理许振超的座右铭，他是新时期产业工人的杰出代表之一。34岁时许振超被选为青岛港第一批集装箱桥吊司机，他的工作是在四五十米的高空仅凭左右手控制操纵杆，指挥吊具升降、前进和后退，在集装箱里"穿针引线"。2003年4月27日，在"地中海法米娅"轮的装卸作业中，振超团队创造了每小时单机效率70.3自然箱和单船效率339自然箱的世界集装箱装卸纪录。此后，他们又先后9次刷新集装箱装卸世界纪录，使"振超效率"成为港航界的一块"金字招牌"，也成为中国港口领先世界的生动例证。经过多次试验，他在冷藏集装箱上加装了节电器，全年节约电费600万元。他领衔组织实施了轮胎吊"油改电"技术改造，填补了技术空白，年节约资金2000万元以上，噪声和尾气排放接近于零。仅有初中文化的许振超立足本职，干一行、爱一行、精一行，练就了"一钩准""一钩净""无声响操作"等绝活，并亲手带出"王啸飞燕""显新穿针"等一大批工人品牌。2009年许振超当选"100位新中国成立以来感动中国人物"，荣获"全国优秀共产党员""改革先锋""最美奋斗者""全国五一劳动奖章""全国道德模范"等称号。如今的许振超，仍经常在青岛港"许振超大师工作室"里，和新一代码头工人，围绕自动化集装箱码头技术开展创新工作。

（2）**勤劳节俭、艰苦奋斗**。勤劳节俭、艰苦奋斗是具有鲜明中华民族传统美德特征的劳动精神。中华民族之所以能够生生不息、历久弥新，就是因为具有勤劳节俭、艰苦奋斗的品质。

黄大发，贵州省遵义市播州区平正仡佬族乡原草王坝村党支部书记。1958年，黄大发被推选为草王坝大队大队长。他立志要为草王坝引来水、修通路、接通电。20世纪60年代起，在他的带领下，村民们攀岩走壁，用钢钎撬、用铁锤砸，但由于技术落后，耗时10多年引水工程也没修成。黄大发不肯服输。1989年，年过半百的他到附近水利站一边帮工一边学习，只有小学文化的他硬是掌握了许多水利知识。1992年春，黄大发带领200多名村民奔赴工地，引水工程再次动工。1995年，一条总长9400米的水渠绕三重大山、过三道绝壁、穿三道悬崖全线贯通。这条水渠被村民们亲切地称为"大发渠"。通水后，黄大发马不停蹄实施"坡改梯"。村里的稻田种植面积从240亩增加到720亩，老乡们从此不再为吃饭发愁。随后他又带领村民修通4公里的通村公路，让村里通了电，建起了学校。黄大发一心为民、埋头苦干，带领村民历时36年，在悬崖绝壁上，开凿出一条主渠长7200米、支渠长2200米的"生命渠"，用实干兑现"水过不去，拿命来铺"的誓言，为改善山区群众用水条件、实现脱贫致富作出突出贡献，被誉为"当代愚公"。黄大发荣获全国劳动模范、时代楷模、全国道德模范等称号。在庆祝中国共产党成立100周年"七一勋章"颁授仪式上，习近平总书记亲自向他颁授勋章。

（3）**淡泊名利、甘于奉献**。淡泊名利、甘于奉献是具有鲜明社会主义特征的劳动精神。作为劳动者，应当正确处理好名利关系，应当在积极无私地为社会创造财富的劳动中获得人们和社会的肯定。

黄旭华是我国"核潜艇之父"。1958年，我国批准核潜艇工程立项，苏联提供了部分技术资料。1959年，苏联提出中断对中国若干重要项目的援助，对中国施加压力。毕业于上海交通大学造船系的黄旭华被选中参研核潜艇工程。为研制核潜艇，新婚不久的黄旭华告别妻子来到试验基地。那时没有计算机，他和同事用算盘和计算尺演算出成千上万个数据。"在极限深度，一块扑克牌大小的钢板承受的压力是1吨多，100多米的艇体，任何一块钢板不合格、一条焊缝有问题、一个阀门封闭不足，都可能导致艇毁人亡。"巨大的海水压力压迫艇体发出"咔嗒"的声音，惊心动魄。黄旭华镇定自若，了解数据后，指挥继续下潜，直至突破此前纪录。1970年12月26日，当凝结了成千上万研制人员心血的庞然大物顺利下水，黄旭华禁不住热泪长流。核潜艇一万年也要搞出来的伟大誓言,新中国用了不到一代人的时间就实现了。几十年来,黄旭华言传身教,培养和选拔出了一批又一批技术人才,而8个兄弟姐妹都不知道黄旭华搞核潜艇,父亲临终时也不知他是干什么的,母亲从63岁盼到93岁才见到儿子一面。黄旭华多次获得国家科学技术进步特等奖、全国科学大会奖等,他完成了我国核潜艇装备从无到有的历史性壮举,为我国核潜艇事业奉献了毕生精力,为核潜艇研制和跨越式发展作出了卓越贡献。

技能成就精彩人生

世界技能大赛被称作"世界技能奥林匹克",是全球规模最大、影响力最广的职业技能竞赛,其竞技水平代表了各领域职业技能发展的世界先进水平。

2022年世界技能大赛特别赛中,我国派出36名参赛选手赴瑞士、德国、法国、芬兰、韩国、日本、奥地利等7个国家参赛,涌现出邵茹鹏、李德鑫、顾俊杰、吴鸿宇、周楚杰、杨书明、罗凯、陈新源、李小松、陈智勇、侯坤鹏、唐高远、马宏达、刘泽龙、王珮、董青等一批闪耀世界的技能之星。

来自浙江建设技师学院2016级建筑装饰技师班的学生马宏达勇夺"抹灰与隔墙系统"项目桂冠,实现了中国在该项目上金牌"零"的突破。有网友调侃,这是刮腻子"刮"出的世界冠军。事实上这并不是简单的刮腻子,而是一项用涂料、装饰材料等对房屋建筑进行修建、改善和整修,考验选手的金属框架建造和石膏板安装技术,以及隔音、隔热、防火、抹灰、装饰线条制作与安装和艺术创意等技术综合运用的竞赛。马宏达出生于2000年,2016年进入浙江建设技师学院就读,2017年加入抹灰与隔墙系统项目实训队训练,一练就是5年。为了备战比赛,每天早上8点,马宏达的身影总是会准时出现在实训室内,一天的训练量不低于7小时,他说要让每一个动作都刻进肌肉记忆里。时间从不辜负努力,夜以继日的付出让马宏达如愿收获了金牌。

来自江西环境工程职业学院的李德鑫在家具制作项目中夺得金牌,这也是我国自参加世界技能大赛以来,在家具制作项目获得的首金。2018年底,李德鑫开始接触世界技能大赛。2019年,他入选校队开始系统备赛,此后经历省赛、行业赛、国赛、国家队 10 进 5 淘汰赛，"突出重围"的李德鑫得以代表国家出征。备赛期间，他几乎每天 8 点就开始训练，除了吃饭和午休时间，一直到 21 点才结束训练。在特定的冲刺期，他还会加练。跟机器、刀具打交道，起水泡、擦伤、割伤在所难免。高强度的训练让李德鑫的左手磨出了两排茧子，右手磨出了三排茧子。李德鑫靠着精湛的技艺和坚强的毅力，完成打磨修整、五金安装等操作，并且保证了尺寸公差均不超过 0.5 毫米，体现了精益求精的工匠精神。

来自广东省机械技师学院的周楚杰从 2016 年暑假就开始进入数控铣项目竞赛小组，自此开始了与数控设备为伴的日与夜。数控铣项目入门有难度，想要实现突破更是难上加难，只能靠量的积累，才能换来质的突破。为了竞赛台上的一分钟，每天 8 点到 22 点，除去午休和吃饭时间，周楚杰都会一直开启训练模式。有时，完成一个模块需要 5 个小时，中间不能间断，他常常会错过饭点。2022 年世界技能大赛特别赛数控铣项目比赛在德国巴符州莱昂贝格举行，周楚杰凭借扎实的基本功训练，稳定发挥，顺利完成赛程，最终斩获金牌。

这群凭借高超技能攀上世界技能之巅的年轻人，成为聚光灯追逐的焦点，被世界"看见"。相信未来还会有更多高技能人才和大国工匠涌现在社会的各行各业，为推动经济高质量发展和构建现代产业体系提供有力支撑。

目前，我国已经从制造业大国向制造业强国转变，高技能人才的社会地位、待遇都在稳步提高。有句老话"一技在手，吃喝不愁"，获得世界技能大赛的这批青年技术能手，让我们看到"技能成就精彩人生"。选择一门技术，一定能够通过努力实现自己的人生梦想！

作为新时代职业院校学生，你是如何看待技能成就精彩人生的？请结合案例和自己所学的专业，谈谈自己未来的规划。

▶ **子任务一** 阅读材料，结合自己所学专业，查阅资料，找找所在行业内劳动模范的故事，并谈谈文中主人公身上值得你学习的地方。

"95"后的质量管理员邹彬是我国在世界技能大赛中砌筑项目的首枚奖牌获得者。虽然劳动生涯还不算很长，但他却深深地理解到"劳动最光荣、劳动最崇高、劳动最伟大、劳动最美丽"。邹彬热爱自己的劳动岗位，凭着谦虚好学的精神和精益求精的态度，这个从湖南新化贫困山区走出来的农民工一步一个台阶，成为中国建设集团一名质量管理员、全国人大代表，并荣获"全国技术能手""全国优秀农民工""湖南省五一劳动奖章"等荣誉。2020年9月17日，习近平总书记在湖南考察期间主持召开基层代表座谈会，作为建筑行业的代表，邹彬汇报了自己的成长经历，并代表中建五局提出加速农民工向新型产业工人转变的"十四五"规划建议。听完邹彬的汇报后，习近平总书记说："劳动没有高低贵贱之分，三百六十行，行行出状元。"总书记的话，让邹彬备受鼓舞。

▶ **子任务二** 作为新时代的大学生，请大家讨论一下，在未来的工作岗位中应该如何弘扬劳动精神。

模块一　探索劳动之源

我的劳动笔记

劳动过程

劳动感悟

模块小结

　　劳动是人和人类社会存在和发展最基本的前提,也是人类历史发展的起点。人们通过劳动不仅改造了外部世界,创造了人类社会和人类历史,还改造了人自身,使人的本质力量得以彰显。我们还应看到,劳动具有社会历史性,劳动的具体方式、对象、形态随着社会生产力的发展而变化,因此,我们需要用发展的眼光去看待劳动。

　　特别是职业院校的大学生,要学习的劳动技能与职业技能是同等重要、密不可分的。国家新修订的职业教育法提出,职业教育是类型教育,应充分体现出职业技能在行业、产业、企业应用的适用性,因此,大学生要努力提升劳动素养,用扎实严谨、精益求精的过硬本领为自己的职业道路打好基础。

模块二 认识劳动之器

　　理解劳动之器在劳动实践中发挥着重要作用。正确认识劳动工具的内容和形式是随着经济和科学技术的发展而不断发展变化的。了解大国重器，传承和弘扬工匠精神、劳模精神。科学看待劳动工具的创新与未来。

理解劳动之器的基本概念、发展脉络；

理解大国重器与工匠精神、劳模精神的关系；

了解未来劳动之器的主要创新和发展趋势。

能清晰地讲出劳动之器的发展演变史，能结合实际，分享和体验身边的劳动工具；

能说出几种大国重器，并能从所学专业及未来就业方向的角度出发，树立精益求精的专业素养和职业精神；

能说出未来劳动之器的主要创新点。

认同劳动之器的出现是必然的，是人类生产生活运动的一个巨大进步，推动了社会的发展，劳动之器是人类不可或缺的好伙伴；

认同大国重器是国家综合实力和科研能力的集中体现，是新时代以来党和国家取得的巨大成就；

持续关注劳动之器的发展与变化，自觉传承和弘扬大国工匠精神和劳动精神、劳模精神。

任务一

认识劳动工具

课前认知

（1）北京猿人时期，工具是用很简陋的石头、兽骨及鹿角、树枝等经过简单加工制出的器具。木器遇水易朽，很难遗存，骨器和角器数量很少，又难辨认，能够在数十万年的沧桑变化中保存下来的主要是石器。经过20世纪20年代初到60年代近半个世纪的发掘，北京猿人遗址中出土的石器约十万件。"北京人"打制石器的方法有哪些？请扫码观看视频寻找答案。

"北京人"打制石器方法

（2）交通工具是现代人生活中不可缺少的一个部分。随着时代的变化和科学技术的进步，我们周围的交通工具越来越多，给每个人的生活都带来了极大的方便。而交通工具也是经历了多次的变迁，请扫码观看视频，了解交通工具的变迁史。

《古物天工》交通工具

劳动知识

制作和使用劳动工具是人区别于其他动物的标志，是人类劳动过程独有的特征。

劳动工具又称生产工具，是人们在生产过程中用来直接对劳动对象进行加工的物件。它用于劳动者和劳动对象之间，起传导劳动的作用。劳动工具是劳动资料基本和主要的部分，是机械性的劳动资料。从原始人使用的石斧、弓箭，到现代化的各种各样的机器、工具、技术设备等，都同样起着传导劳动的作用，均属生产工具。

人类劳动是从生产工具开始的，生产工具在生产资料中起主导作用。社会生产的变化和发展，始终体现在生产力的变化和发展上，且首先是从生产工具的变化和发展上开始的。生产工具不仅是社会控制自然的尺度，也是生产关系的指示器。马克思说："手推磨产生的是封建主为首的社会，蒸汽磨产生的是工业资本家为首的社会。"

生产工具的内容和形式是随着经济和科学技术的发展而不断发展变化的。早期的生产工具是劳动者依靠自身的体力用手操纵的；后来的机器则包括工具机、动力机和传动装置三个部分，形成了复杂的体系；而现代化的自动化机器体系，又增加了以电子计算机为核心的自控装置。生产工具日益复杂、精良，是推动社会生产力发展的一个重要因素。生产工具的出现是必然的，是人类在发展过程中的一个必然进步，让人类的双手解放了出来。

案例一　劳动工具的演变史

1. 石器时代：原始社会

石器是人类最早创造的工具。

在旧石器时代制作石器最原始的办法，是把一块石头加以敲击或碰击使之形成刃口，即成石器。到新石器时代，石器制造技术有了很大进步。首先，对石料的选择、切割、磨制、钻孔、雕刻等工序已有一定要求。石料选定后，先打制成石器的雏形，然后把刃部或整个表面放在砺石上加水和沙子磨光。这就成了磨制石器。

新石器时代的石器种类大大增多。早期遗址中大量出土的农业、手工业和渔猎工具有斧、锛、铲、凿、镞、矛头、磨盘、网坠等，稍后又增加了犁、刀、锄、镰等。

旧石器时代早期的砍砸器、刮削器、尖状器

2. 青铜器时代：奴隶社会

人类在漫长的石器时代之后，进入以铜锡合金制作青铜工具为标志的青铜时代。这种合金技术的出现和发展，是中国奴隶制文明的典型代表。

用这种合金铸造的供奴隶主阶级使用和欣赏的工艺品，数量巨大，用途广泛，艺术水平高。它充分显示了古代劳动人民的聪明才智和伟大的创造力。从用途上说，大致可归纳为七类：工具类，如铲、锛（bēn）、斧、刀、削等；烹饪器类，如鼎、鬲（lì）等，食器类如簋（guǐ）、簠（fǔ）、豆等；酒器、水器类，如爵、角、壶、尊、盘等；乐器类，如钟、铃；兵器类，如矛、戈、剑等；车马饰件类，如辖、衔、辕等。有些青铜器专门作为祭祀、礼宴、赏赐之用或作为统治权威的象征，这就是所谓的"礼器"。

商王武丁时期的"妇好"青铜偶方彝

3. 铁器时代：封建社会

铁器时代是人类发展史中一个极为重要的时代。在封建社会里，冶铁业得到了迅速发展，炼出了质量较好的铁，制造出了大量较经久耐用的铁制农具。我国在春秋时已开始使用铁制生产工具，战国时就更加普遍了，西汉时铁制生产工具又出现了一次大的发展，开始生产大型铁制农具，如播种用的铁耧（lóu）车。冶铁技术的发展和铁制生产工具的广泛使用，是封建社会生产力水平提高的标志，因此，封建社会也称铁器时代。

4. 蒸汽时代：第一次工业革命

从 18 世纪中期到 19 世纪，欧美一些主要资本主义国家先后出现了以机器大工业代替手工劳动的产业革命。为适应客观形势的需要，1769 年瓦特发明了单动式蒸汽机，1784 年又改良成功了联动式蒸汽机。蒸汽机的广泛使用，使英国出现了采用机器制造机器的近代工业。19世纪60至70年代，英国棉纺织业实现了机械化。

5. 电气时代：第二次工业革命

19世纪的最后几十年里，资本主义世界又出现了以电力的广泛应用为标志的第二次工业革命。70年代，发电机和电动机的发明是这次革命的先声。80年代，法国科学家德普勒发现了远距离高压输电方法。同时，发明于60年代的内燃机在90年代也得到了改进和广泛使用，汽车、飞机等先进的交通工具相继诞生。

6. 自动（信息化）时代：第三次工业革命

随着电子计算机的成功研制和广泛应用，生产过程可能实现全盘自动化，机器不仅替代了人们繁重的体力劳动，而且也替代了人的部分脑力劳动。这时由三部分组成的传统的机器，出现了第四个组成部分，即自动控制装置，人类迈进了自动化时代。

7. 智能时代：第四次工业革命

当前，以人工智能、大数据、量子信息、生物技术为代表的新一轮科技革命和产业变革，正在深刻改变人类劳动的组织方式和实践形态。无人驾驶、无人配送、自动分拣、智能家居、智能机器人等场景和设备将逐渐走进大众的视野和工作、生活中。

万物互联

案例二　我国各行各业劳动工具的变迁

我国是一个劳动大国，也是使用劳动工具历史悠久的国家。从我国古代"四大发明"到各行各业、各区域的劳动工具，都凝聚着中国人民的智慧，也体现了我国的文明进步和大国实力。

1. 农业劳动工具的变迁

中华民族是典型的农耕民族，其农业发展历史也是中国古代历史发展的一个缩影。所以研究中国古代农业工具的发展，对我们了解中国历史是大有益处的。农业工具的产生与发展都对中国历史进程产生了重大影响。

原始社会时期，耒耜（lěi sì）的发明可以说是开创了中国农业工具史的开端。也可以这样说，一根木棍开启了人类文明进步的先河。耒和耜是两种不同农具，耒是耜的前身。耒是最古老的挖土工具，是在木棍儿的尖头处绑上一根短的横木，便于用脚发力，这样的发明节省了人力又提高了工作效率。后来原始人又将单尖头改成了双尖头，成为双尖耒。随着时间的流逝，人们发现将耒的尖头变成扁平的形状可以提高工作效率，这种改进后来变成了"耜"。耒和耜的材质各种各样，只要是能加工的材料，并且符合其应用要求都可以用。比如石、木、骨、贝壳、动物的角等。我们的古人在当时可谓脑洞大开，正是由于他们的一些大胆的改进和尝试才慢慢地促进了人类历史的发展。随着农业工具的产生，人类农业生产效率大幅度提高，从此人类开始向奴隶社会迈进。

春秋战国到秦汉时期，中国古代农业工具的发展迎来一次大的飞跃——铁器时代到来。在这一时期，中国古代农具进入大发展时期，由于冶铁技术的提高，铁作为一种优质且产量充足的材料，被广泛应用于社会生活的各个方面。从此农具进入铁制时代。

秦汉时期最显著的时代特点是统一与和平，由于有统一的中央政府，国家开始重视农业技术的革新与发展，农具的种类也多了起来，质量也提高了不少，甚至到了西汉时期，出现了全铁的农具。并且牛耕作为一种全新的生产方式被大力推广，牛的加入使农业生产节省了人力。同时耕犁也产生了犁壁，这为深耕提供了技术支持。特别是西汉三角耧车的发明，更是中国古代先进机械技术最好的证明。耧车是西汉赵过发明的播种机，利用畜力拉动一人在后扶持，播出的种子间距适当且幅宽一致，效果喜人，并且效率很高，史载一人一耧可日播一顷。汉武帝便下令全国推广，从此耧车成为中国古代先进农具的代表。而到了东汉，

中国传统灌溉工具"翻车"

出现了巨型铧（huá），重达30斤，长40厘米，极大地提高了耕地效率。在农业灌溉方面，汉代发明了辘轳（lù lu）、翻车、渴乌（最早的虹吸管），提高了农业灌溉效率。特别是翻车，它的设计十分复杂，其主要工作原理是通过人力与畜力推动齿轮传动，带动刮水板将水刮进水槽，使水通过水槽被运往田地。

唐宋时期是中国古代农业工具发展的顶峰。这一时期被发明创造的农业工具更加精细与专业，如唐代《耒耜经》中记载的曲辕犁就十分先进。它由犁底等11个部件组成，使用者可根据需要耕作的深浅和宽窄调整犁，并且操作简单便利。宋代发明的秧马可减轻稻农的劳动强度，改进了铁犁、耧、耙、砘（dùn，一种用畜力牵引的轧地农具）、耘锄和水力、风力、畜力装置的连接构造，大大提高了农业工具的使用效率。

综上所述，中国古代农具是非常发达的，即使到了今天，我们仍然能看到一些古人发明的工具在被使用，比如耙、耧车。特别是耧车是现代播种机的前身，这一技术的发明比西方早了一千多年。中国古代农具的发展程度间接影响了中国古代历史的进程。

现代农业工具有联合收割机、播种机、插秧机、旋耕机、无人机、割草机、打捆机等，还有各种喷灌和滴灌设备，现代农业已经基本上实现了全流程机械化。

现代农具小麦收割机

2. 交通工具的变迁

交通工具是现代人生活中不可缺少的一个部分。随着时代的变化和科学技术的进步，我们周围的交通工具越来越多，给每一个人的生活都带来了极大的便利。而交通工具也经历了多次的变迁，到今天越来越方便。

相传夏朝时，工匠奚仲制造了世界上第一辆真正意义上的车。

最初的车是用人力来推动的，当人们已经能够驯服牛、马等牲畜后，人们又用牲畜来牵引车，随后进入了几千年的马车时代。畜力车比人力车载运能力大，而且行驶速度也快，行驶里程也更远。单驾两轮车是畜力车的最初形式，后来就用两匹或四匹马牵引车。

驾车的马称为服马，而在两侧一同牵引的则是骖(cān)马。在漫长的历史过程中，马车逐渐成为陆地上使用最多的交通工具。在战争中，马车还成为一种强有力的作战工具，以其快速、冲击力强在战场上发挥很大的作用。

与之类似，一些聪明人开始驯化骡、牛、驴等畜力，以作为代步的工具。

到了唐、宋、元、明、清等朝代，马车的装饰会因当时人的审美或实际需要而有所差异，如明朝人给车厢左右或前后设计了门，使得乘客上车更加便捷，同时让整个车厢更加通风，成为长途商旅的必备"商务用车"。

古代马车

除畜力车之外，在古代，人们还经常使用另外一种交通工具，就是轿。轿子的来历已不可考，但种类有多种，流传的范围非常广。

人力车，又称作黄包车，或者东洋车，是一种依靠人力的交通工具，一般有两个轮子，上有座位可坐一到两人，由一个人在前面拉行。人力车的出现，给城市居民增添了方便快捷的新式代步工具，伴随着它的出现，一个新的职业阶层出现。

自行车又称脚踏车或单车，通常是二轮的

人力车

小型陆上车辆。人骑上车后,以脚踩踏板为动力,是绿色环保的交通工具。

火车又称铁路列车,是指在铁路轨道上行驶的车辆,通常由多节车厢组成,是现代人类重要的交通工具之一。它是人类历史上最重要的机具,早期称为蒸汽机车,有独立的行驶轨道。铁路列车按载荷物,可分为运货的货车和载客的客车,亦有客货混运车。

新一代标准动车组"复兴号"是中国自主研发、具有完全知识产权的新一代高速列车,它集成了大量现代国产高新技术,牵引、制动、网络、转向架、轮轴等关键技术实现重要突破,是中国科技创新的又一重大成果。

"复兴号"动车组

3. 军事武器的变迁

从古至今,战争的形态随着武器的发展在发生着质的变化。

在中国古代,诸侯国为了彼此的利益经常征伐作战,从而使中国古代的兵器不断地发展改进。在中国原始社会时期,部落氏族等群体之间打仗时所使用的武器大多是石兵器。士兵使用的兵器主要是用石、骨、角、木、竹等材料,仿照动物的角、爪、鸟喙等形状,采用刮削、磨琢等方法制成的。

石戈

骨制标枪头

随着社会的进步,中国逐渐从原始社会过渡到了奴隶社会。夏商周时期,青铜业开始发展,人民掌握了冶铜技术。随着青铜冶铸技术的提高,青铜兵器得到了进一步的发展,青铜制品有长杆格斗兵器戈、矛、斧,卫体兵器短柄刀、剑,射远的复合兵器弓箭,防护装具皮甲、盾等。商代以后,铜的采掘和青铜冶铸业得到比较大的发展。

春秋战国时期,中国开始进入铁器时代,南方的楚国、北方的燕国和三晋地区,已经使用剑、矛、戟等铁兵器和用于防护的铁片兜鍪(móu)。

到了西汉,由于淬火技术的普遍推广,铁兵器的使用越来越普遍,军队装备铁兵器的比例不断上升。考古界在西安发现了一座建于汉高祖时的兵器库,内藏铁制的刀、剑、矛、戟和大量箭镞,数量远远超过了青铜兵器,生动地反映了青铜兵器和铁兵器的消长情况。

从东汉到唐宋,铁兵器进入全面发展的时期。坚韧锋利的各种铁兵器层出不穷。步兵使用刀、盾作战,具有攻防兼备的作用。骑兵使用双刃马矟(shuò),可直穿敌兵的铠甲。

三国时期的诸葛亮(181—234)创制了连弩,使蜀军的射远兵器得到了很大改善;到唐代,射远的强弩已经发展成为重型的床弩,杀伤力大大增强。晋代创制的马镫,得到了普遍的推广和使用,提高了骑兵的骑术和战斗力。

北宋时期,战争所使用的武器主要有刀、枪、剑、戟、斧、钺(yuè)、钩、叉、镋(tǎng)、棍、槊(shuò)、棒、鞭、锏(jiǎn)、锤、挝(zhuā)、拐子、流星等,俗称十八般兵器。

同时,在宋朝时期,随着火药的发展,中国开始出现了火器。大约在公元10世纪北宋初年,火器开始用于战争。从此,在刀光剑影的战场上,又升起了弥漫的硝烟,传来了火器的爆炸声响,

明代火器

开创了人类战争史上火器和冷兵器并用的时代。这个时期的火器可以分为三个发展阶段:初级火器的创制,火铳的发明和发展,火绳枪炮和传统火器同时发展。其代表兵器主要有火铳、佛朗机、鸟铳等。

而随着鸦片战争，中国的门户开放，近代兵器开始传入中国，古代兵器发展相应结束。

现代兵器分为陆战兵器、空战兵器、海战兵器。

4. 计算工具的变迁

自古以来，人类就在不断地发明和改进计算工具，从古老的"结绳记事"，到算盘、计算机，计算工具经历了从简单到复杂、从低级到高级、从手动到自动的发展过程，而且还在不断发展。

结绳记事是远古时代人类摆脱时空限制记录事实、进行传播的一种手段。它发生在语言产生以后、文字出现之前的漫长年代里。

算盘是一种手动操作计算辅助工具，是中国古代的一项重要发明。在阿拉伯数字出现前，算盘是被广为使用的计算工具。

17世纪初，英国人发明了计算尺。

17世纪，欧洲出现了利用齿轮技术的计算工具。1642年，法国数学家帕斯卡（Pascal）发明了帕斯卡加法器，这是人类历史上第一台机械式计算工具，其原理对后来的计算工具产生了持久的影响。

20世纪40年代，诞生了第一台电子计算机。

20世纪70年代，发明了电子计算器。

再到后来，大型计算机问世，主要用于大量数据和关键项目的计算，例如，银行金融交易及数据处理、人口普查、企业资源规划等。

案例三　我国各区域的代表性劳动工具

我国地大物博，幅员辽阔，不同的区域有不同的代表性生产工具，东西南北各有特点。

在我国山东地区，有做煎饼的习惯，做煎饼的工具是"鏊（ào）子"，相传因形似大鳌（áo）而得名，中高边低，有三条腿。在沂蒙山腹地，有一个天然的石鏊，大鳌仰头东望大海。诗人李白在《猛虎行》中写道："巨鳌未斩海水动，鱼龙奔走安得宁。"

鏊子是一种从远古传至今的制作面食的工具，生产饼类，史称鏊饼、煎饼，又称烙饼、烙馍等，是河南、山东等地区用来做煎饼美食的工具。煎饼是山东地区的主食，时至今日，仍有"家家支鏊子，户户烙煎饼"的传统习俗。烙饼的器具用铸铁做成，圆形，中心稍凸，三条腿，腿高大约 6 厘米，在底下烧柴，烙厚薄煎饼等。

在黑龙江东北地区耕地的农具——耙犁，也写作"扒犁"，是满族、赫哲族等民族冬季的主要运载工具，曾经流行于吉林、黑龙江等省。《元一统志》中已经有记载。它用两条辕木做底，上面立插四柱，每柱高约三寸，上面穿两根横木，横木上或铺木板，或铺搪木，前辕上翘，穿绳，一般套马两匹，行于冰雪之上。用牛、骡、狗来牵引的耙犁也很常见。耙犁上作篷，设旁门，篷上覆盖鹿皮或毛毡的，称为暖耙犁。

在我国新疆地区，做传统馕饼只需要四样东西：和面盆子、馕坑、馕针、馕托。馕坑是烤馕设备，它是一个炉子。传统的馕坑是用黏土添加羊毛或者干草做成的大肚子炉子。在炉子底部烧火，将打好的馕饼贴在炉子内壁上烘烤。在新疆，馕坑不仅仅可以用来烤制馕饼，还可以烤包子、烤羊肉、烤羊腿等。所以说，馕坑是新疆的一大特色。

在我国海南地区，有一种劳动方式——舂米。舂米就是把打下的谷子去壳的过程，舂出来的壳就是米糠，剩下的米粒就是我们吃的白米。舂米的工具有点像捣药罐，有一个棒槌、一个盛器。用棒槌砸谷子，把米糠砸掉。

案例分析

（1）上述案例从_____、_____、_____等三个角度带领大家了解了劳动工具的发展演变史。

（2）劳动工具的演变都经历了哪些时代，请填表说明。

时代	对应社会时期	劳动工具典型特征

劳动教育

（3）结合你所学专业，列举专业学习及未来就业时可能用到的劳动工具，并简要说明其功能。

所学专业	专业学习（未来就业）使用的劳动工具	工具的功能简介

总体要求：用你自己喜欢的照片、视频、绘画、DIY产品等多种方式，展示身边的劳动工具，了解各行各业劳动工具的发展演变史，体悟劳动工具是随着经济和科学技术的发展而不断发展变化的。

▶ **子任务一　描述你最喜欢的劳动工具。**

每个人都是劳动者，每个人都有自己喜欢的劳动工具，请描述"我喜爱的劳动工具"，说明原因，并展示拍摄的照片。

我喜爱的劳动工具

劳动工具名称：

喜爱原因：

照片：

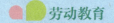

> **子任务二** 分享一件你认为最能代表家乡文化的劳动工具。

记忆中的乡愁——家乡最具代表性的劳动工具

劳动工具名称：

主要功能及使用方法：

照片：

▶ **子任务三** 结合你的专业，通过查找资料，制作一张专属的劳动工具变迁海报。

_____专业劳动工具变迁海报

 劳动教育

1. 成果展示

精心设计一份菜单，为父母烹饪一餐美食，记录烹饪过程中使用的工具，通过图片、视频、演示文稿等形式，与同学们分享烹饪心得，介绍菜肴制作过程中使用的烹饪工具、厨房用具等，简要回顾相应工具的变迁发展史。

2. 劳动感悟

劳动工具是人们在生产过程中用来直接对劳动对象进行加工的物件。它被用于劳动者和劳动对象之间，起传导劳动的作用。从原始人的石斧、弓箭，到现代化的各种各样的机器、工具、技术设备等，都同样起着传导劳动的作用。

劳动工具是随着经济和科学技术的发展而不断变化的，早期的劳动工具多是手动的，后来日益复杂化、自动化和智能化。劳动工具的每一次变革都带来了划时代的生产方式的变革，并随之带动了社会形态的变革。

任务二

感悟大国重器

课前认知

（1）在没有盾构机之前，隧道施工项目需要用到炸药和其他辅助的挖掘机等设备，再加以人工协助，这样不仅施工效率低下，而且安全保障系数也不高。盾构机的发明极大地方便了隧道施工，减少了很多麻烦，让施工量大大减少，并且安全性大地幅提升。

大国奇迹之地下"蛟龙"：
看国产盾构机如何与碎石
瓦砾奏起"摇滚和弦"

（2）2021年10月16日0时23分，伴随着一轮明月，搭载神舟十三号载人飞船的长征二号F遥十三运载火箭在酒泉卫星发射中心点火起飞。

神舟十三号载人飞船发射成功

（3）绞吸抽沙船能够将挖掘、输送和沙浆处理各个工序一次性完成，并续作业。天鲸号是亚洲最大的重型自航绞吸船。在填海造陆工程中，中国天鲸号神威尽显。

中国奇迹——"造岛神器"
天鲸号

劳动知识

党的二十大报告指出："我们加快推进科技自立自强，全社会研发经费支出从一万亿元增加到二万八千亿元，居世界第二位，研发人员总量居世界首位。基础研究和原始创新不断加强，一些关键核心技术实现突破，战略性新兴产业发展壮大，载人航天、探月探火、深海深地探测、超级计算机、卫星导航、量子信息、核电技术、新能源技术、大飞机制造、生物医药等取得重大成果，进入创新型国家行列。"

改革开放以来，尤其是党的十八大以来，我国科技创新和重大工程建设取得丰硕成果，从天空到深海，处处可见五星红旗的身影。通过全社会共同努力，我国科技事业取得历史性成就、发生历史性变革。重大创新成果竞相涌现，一些前沿领域开始进入并跑、领跑阶段。"振华30号"，世界上最大的起重船，长度超过297 m，

宽度 58 m，排水量接近 250 000 t，体量超过了全世界所有现役航空母舰，完全由中国自主建造；"复兴号"涉及的高速动车组 254 项重要标准中，中国标准占到了 84%；世界上最大的港机制造基地在中国，纵览全球海岸线，超过 80% 的港机都是中国制造，世界上已有船只类型 95% 以上中国都能制造，极大地展示了国家实力。

案例一　新时代大国重器

1. FAST 射电望远镜

FAST 是具有中国自主知识产权、世界最大单口径、最灵敏的射电望远镜。500 m 口径球面射电望远镜（Five-hundred-meter Aperture Spherical radio Telescope，FAST），位于中国贵州省黔南布依族苗族自治州境内。于 2011 年 3 月 25 日动工兴建，2016 年 9 月 25 日落成启动，于 2020 年 1 月 11 日通过国家验收，正式开放运行。

500 m 口径球面射电望远镜开创了建造巨型望远镜的新模式，建设了反射面相当于 30 个足球场的射电望远镜，灵敏度达到世界第二大望远镜的 2.5 倍以上，大幅拓展人类的视野，用于探索宇宙起源和演化。4450 块反射面板，每一块都可以转动。16 000 光年以外的声音，它只用 52 s 就能听见。

2. 远望号测量船

卫星和航天器成功发射的背后，都离不开一位大功臣——远望号远洋测量船队。航天器绕着地球运行，由于地球海洋面积比陆地面积大得多，航天器大部分时候位于海洋上方，远离地面指挥中心。很多指令依靠地面指挥中心已经不能及时传达，那么就需要在海洋上有一个移动的测控站。远望号测量船就是在海上对发射的航天器进行追踪和测控的科学船。

从 1977 年远望 1 号船在江南造船厂完工下水，到 2016 年远望 7 号船下水，40 年间，远望号测量船队一共有 7 艘测量船参与了火箭的发射和追踪测量，每一代船上的装备和科技都有改良和进步，其中最新的远望 7 号船已经达到了世界先进水平。为了实现对卫星的追踪和测量，船上需要放置多种设备，设备之间的距离不能太近，否则会相互干扰，所以船体必须很大。远望 7 号船长 220 m，宽近 30 m，上下有 8 层楼，甲板面积比一个标准操场还要大好几倍。船上的设备分为船舶动力系统、通信系统、测量控制系统、导航定位系统、气象系统五个部分。

  40多年来，远望号测量船从无到有，从设备简单到成为一座海上科技城，一直是海上的"中国名片"，也是中国航天人坚守的"浮动国土"。至今，它们已完成航天测控近200次，成功率为100%。远望号远洋测量船劈波斩浪，在茫茫大海上精准测控，为我国航天科技事业发展作出了巨大贡献，未来它们还将在大洋深处奏响一曲曲海天交响乐！

3. 复兴号动车列车组

  复兴号动车组列车，英文代号为CR，是由中国铁路总公司牵头组织研制、具有完全自主知识产权、达到世界先进水平的动车组列车。

  中国动车组采用CR200/300/400命名，分别对应160、250和350（km/h）三种持续时速等级，数字代表最高时速，例如，400代表列车最高速度可达400 km/h及以上，持续运行速度为350 km/h。三种时速满足不同的市场需求，中国高速铁路主要是350、250两种，中国快速铁路是200和160两种。三种时速列车可以满足这四种时速需求，CR200可以兼容快速铁路的两种时速。

  复兴号设置智能化感知系统，建立强大的安全监测系统，全车部署了2500余个监测点，比以往监测点最多的车型还多出约500个，能够对走行部状态、轴承温度、冷却系统温度、制动系统状态、客室环境进行全方位实时监测。它可以采集各种车辆状态信息1500余项，为全方位、多维度故障诊断、维修提供支持。

4. 北斗卫星导航系统

  北斗卫星导航系统是中国着眼于国家安全和经济社会发展需要，自主建设运行的全球卫星导航系统，是我国迄今为止规模最大、覆盖范围最广、服务性能最高、与百姓生活关联最紧密的巨型复杂航天系统，是为全球用户提供全天候、全天时、高精度的定位、导航和授时服务的国家重要时空基础设施。中国的北斗与美国的GPS、欧洲的伽利略及俄罗斯的格洛纳斯，并称为全球四大卫星导航系统。

  诚如首任北斗卫星导航系统总设计师孙家栋院士所言："北斗的应用只受人类想象力的限制。"无尽可能，无限空间，无数个应用场景将走进现实、改变世界。北斗系统作为"新基建的基建，是基础的基础"，能深度融入社会生活，渗透到经济社会发展的各个方面。面向全球范围，提供定位导航授时、全球短报文通信和国际搜救三种服务；在中国及周边地区，提供星基增强、地基增强、精密单点定位和区域短报文通信四种服务。

5. 深海载人潜水器

深海载人潜水器是海洋开发的前沿与制高点之一，其水平可以体现出一个国家材料、控制、海洋学等领域的综合科技实力。它可以完成多种复杂任务，包括通过摄像、照相对海底资源进行勘查，执行水下设备定点布放，检测海底电缆和管道等。

我国第一艘深海载人潜水器命名为"蛟龙号"。"蛟龙号"长8.2 m，宽3 m，高3.4 m，它由我国自行设计、自主集成研制，是目前世界上下潜能力最深的作业型载人潜水器。2012年6月27日，蛟龙号在西太平洋马里亚纳海沟创造了7062 m的中国载人深潜纪录，也是世界同类作业型潜水器的最大下潜深度。

我国第二台自主设计的4500 m级载人潜水器命名为"深海勇士号"，从技术到装备实现了95%的国产化率。截至2019年3月，"深海勇士号"已实现多个太平洋和印度洋的科考航次，成果丰硕。

"奋斗者"号是我国研制的万米级载人潜水器。2020年10月27日，"奋斗者"号在西太平洋马里亚纳海沟成功下潜突破10 000 m（达10 058 m），创造了中国载人深潜的新纪录。6000 m以下的深海区是解决生命起源、地球演化等重大科学问题的前沿领域，全世界在深渊获取的科研样品都极其珍贵，"奋斗者"号下潜至万米海底将助力我国未来在大深度海底深渊科研方面作出原创性、奠基性贡献。

6. 长征系列运载火箭

火箭是进入空间的基础，是发展空间技术、确保空间安全的根本，是实现航天器快速部署、重构、扩充和维护的保障，是大规模开发和利用空间资源的载体，是确保国家空间军事力量和军事应用的重要保证，是国民经济发展和新军事变革的重要推动力量。确保安全、可靠、快速、经济、环保地进入空间，推进太空探索技术发展，推动人类文明的进程，是我国运载火箭的发展目标。"长征"系列火箭是中国运载火箭中的绝对主力，名副其实的"国家队"，为中国航天的飞速发展立下了汗马功劳。

长征系列运载火箭是我国自行研制的航天运载工具，长征火箭具备发射低、中、高不同地球轨道不同类型卫星及载人飞船的能力，并具备无人深空探测能力。低地球轨道（LEO）运载能力达到25 t，太阳同步轨道（SSO）运载能力达到15 t，地球同步转移轨道（GTO）运载能力达到14 t。

2021年10月16日，神舟十三号载人飞船搭载着翟志刚、王亚平、叶光富3名航天员进入预定轨道，顺利进入太空，负责承运的火箭即长征二号F遥十三运载火箭。

模块二　认识劳动之器

长征系列运载火车

据悉，2025年前后，中国可重复使用的亚轨道运载器将研制成功，使亚轨道太空旅游将成为现实。同时，空射运载火箭将快速发射能力提升到小时级。2028年，以火箭发动机为动力的两级完全重复使用运载器将研制成功。2035年左右，运载火箭实现完全重复使用，以智能化和先进动力为特点的未来一代运载火箭将实现首飞。2040年前后，未来一代运载火箭将投入应用，组合动力两级重复使用运载器将研制成功，核动力空间穿梭机将出现重大突破。

案例二　大国重器展示大国实力，大国重器更呼唤大国工匠

2022年大国工匠年度人物，全国五一劳动奖章获得者何小虎：匠心传承背后的"钻"劲。

何小虎说，"钻"代表着两层意思，一方面是"钻削"的技术，多用于火箭发动机的涡轮泵和推力室相关零部组件精确加工领域；另一方面是"钻研"的态度，他希望能在工作岗位上继续探索，把发动机制造得更加稳定和可靠。

1986年出生的何小虎，被誉为火箭心脏"钻刻师"。作为航天科技六院西安航

天发动机有限公司（以下简称"西发公司"）最年轻的技能专家，目前从事以载人航天、探月工程、探火工程、空间站等为代表的各型号液体火箭发动机喷注燃烧系统相关产品的精密加工。

这意味着，何小虎的工作容不得半点马虎，产品的精度直接影响着火箭发动机及飞行器能否精准入轨，丝毫差池都会导致火箭发射的延误甚至失败。信奉着打铁还需自身硬的何小虎，靠着勤勉踏实和灵活创新，在不断精进自身技术、掌握更多设备操作方法的同时，挖掘机床设备潜能，为液体火箭发动机的精密制造奉献自己的能量。

天问一号、北斗导航、嫦娥登月……从古至今的"飞天"梦想，正在逐渐照进现实，中国航天人用一个又一个成就照耀星空，这背后离不开一代代航天人的实干付出。从"小徒弟"到"老师傅"，何小虎瞄准液体火箭心脏"钻刻师"的目标，苦干实干加油干，在实现航天报国的人生理想路上披荆斩棘。

萌芽：电视机里的航天梦想

2009年，何小虎从陕西工业职业技术学院机械制造与自动化专业毕业，以实操第一名的优异成绩，从300多人中脱颖而出，进入西发公司，成为一名数控车工，步入事业新阶段。

彼时的他，被油然而生的荣耀感充盈着。回想起17岁时电视机前历历在目的画面——杨利伟乘坐"神舟五号"进入太空的新闻报道，关于航天梦想的种子就此发芽，至今想起仍然心绪沸腾着、激动着，那是中国首次成功发射载人航天飞船。

在得到这份梦寐以求的工作机会之前，何小虎向往着、奋斗着，为成为航天人这遥不可及的梦想努力着。这个来自陕北延安的农村娃，生活环境较为艰苦，全身心在家里学习、看书，是苦中作乐的幸福。高中毕业之后，拿到录取通知书的那一刻，微笑和泪水交织着，他知道离梦想近了一步。

刚进大学，何小虎听说航天院所每年都会来学校招聘优秀毕业生，"发动机""火箭"这样的词语，让梦想变得具象化了。大学三年除了学习理论知识，何小虎还泡在实训基地，刻苦练习，培养技能，增进技术，把时间利用到极致。何小虎大学时期成绩名列前茅，并且频频在国家级比赛中获奖。

勉之期不止，多获由力耘。临近毕业，航天六院到学校招聘毕业生，何小虎也即刻报了名。虽然面试过程中，何小虎有些忐忑，不知道自己能否入选，但这一千多个日夜有目共睹的努力，助力了他的梦想。最终，何小虎以优异成绩进入西发公司，为大学三年毫不松懈的学习生涯，画上了完美句号。

何小虎把好消息告诉了家人，他的父母总会在其他人问起的时候，说上一句："我儿子是干航天工作的！"何小虎认为这份工作很有意义，能看到将来自己发展的空间和高度，他的航天梦想之路，也就此翻开全新篇章。

成长：穿上藏蓝色工装

进厂第一件事，就是发印着"中国航天"的藏蓝色工装。何小虎心里美滋滋，激动的内心飘荡着五个字——"中国航天人"。对于何小虎来说，只要穿上这身衣服，就得以更严格的标准要求自己，要有使命感和责任感，对产品的质量负责。

万事开头难。刚从学校毕业的何小虎，第一步是要成为合格的航天人，做好基础工作是首要任务。与上学只需要反复做零件、磨刀等基础操作不同，代码被摆在更重要的位置上。对代码很陌生的何小虎犯了难，他每天大量重复练习动作，认真对待每次打磨，但总磨不好钻头，报废率依旧很高。

迷茫中，何小虎意识到哪怕是最基础的工作，也需要脑手结合才能做好。他买了关于机床指令的书，每天早上趁热机器的时候，学习指令内容，然后按照步骤仔细加工产品验证，到晚上 11 点多才回去休息。

周而复始，三年时间过去了。何小虎每天重复把产品装到数控机床上，加工完后从数控机床上取下来测量，把它清洗完放到规定位置。在同事们的鼓励和支持下，从 200 遍到 300 遍，他终于可以稳定操作，熟练掌握了机床特性和先进加工技巧。

2016 年，他参加国家一类大赛荣获陕西第一、全国第四，成为陕西参加该项赛事的最好成绩；2017 年，参加中国大能手选拔赛，成为陕西省入围全国十强第一人，位列第六……2022 年更是荣获"全国五一劳动奖章"。

 劳动教育

创新:"设备稳定性"加工概念

引水方知开源不易。2012年开始,全自动化的设备在逐渐替代传统设备的加工技术,如何实现航天发动机高质量生产,创新是关键。而创新的来源是对加工基础技术的深入研究,包括何小虎在内的青年一代开始崭露头角。

在长三乙火箭发动机喷注器架的生产过程中,其中有一项基本尺寸直径为3.5 mm、公差为0.008 mm的深小轴,精度仅相当于头发丝的1/10,且在机床上无法测量,初期试加工合格率仅为20%,严重制约产品交付周期。

面对难啃的硬骨头,何小虎主动请缨,经过半个多月的试验、摸索、查阅资料,提出"设备稳定性"加工概念,即准确掌握机床最理想的加工时间段进行精密加工,开创工厂超精密加工新方法,实现产品效率和质量双提高,第一批次试加工时合格率就达100%,生产效率提高4倍之多。

传动轴是调节发动机方向的关键零部件,其中72齿的精密程度直接影响发动机的变轨精度,提升精度是迫在眉睫的重大任务。半年时间,何小虎通过查找资料和技术方案论证,利用高精度车铣复合加工中心,创新"以车代铣""以车代磨"的加工技术,将八道加工工序缩减为两道,而加工合格率和准确率提升至100%。

发动机轴承座的加工装备,强度、刚性、重量都需要考虑得特别清楚,何小虎通过自行设计工装、刀具,不断总结试验相关加工参数,在"使用-问题-试验"不断循环一年时间后,颠覆沿用近30年的旧方法,实现由普通手工设备加工,向数控自动化设备加工的技术革新。

如今,智能化时代来临,何小虎想要把多年来的实操经验都编进机器程序里,

追求更为完善的加工方法和操作规程，不断提升精细部件加工的产品合格率。从中国制造升级为中国智造，需要不断创新思路和方法。用先进技术手段提升加工生产的效率，将成为何小虎穷尽一生的梦想。

初心：与航天事业一起成长

春播一粒种，秋收万颗粮。

据了解，何小虎解决了火箭发动机加工难题65项，可以操作十多种不同种类、不同型号的数控机床，目前操作的也是西发公司精度最高的多轴车削中心，可以利用最先进的数控加工手段完成微米级的产品加工，在长征五号、天问一号、北斗组网、探月工程等任务中作出突出贡献。

过硬的技能、创新的思维、坚定的信念，何小虎把青春梦融入航天梦，在建设航天强国的伟大征程中恪尽职守，成为液体火箭发动机动力之源名副其实的"守卫者"。

何小虎说自己是幸运的。这个幸运源自西发公司内部良好的学习氛围。刚入职时，全国劳模曹化桥开了场讲座，告诉大家，航天产品，质量至上，一个小失误就有可能导致重大影响，给国家和人民带来无法估量的损失。何小虎时刻敲响警钟，把不能有丝毫马虎和懈怠的工作态度，践行在工作的方方面面。

曹化桥等"技术大牛"对何小虎的影响，不仅于此。何小虎最高兴的事情就是自己总结和分享新方法、新工艺、新技术、新技能。他还自发组织各类职业技能竞赛及赛前训练工作，从技能培训到经验传授，带领年轻人苦练本领。

青春与梦想同行，初心与祖国同在。何小虎给自己孩子起名为"天宇"，天空的天，宇宙的宇，他希望把航天人的精神传递给下一代。天宇喜欢电影《流浪地球》，对太空知识很感兴趣，经常会问："太空是什么？我们怎样才能去太空？"何小虎期待天宇以后也能成为优秀的航天人。

宇宙无垠，浩瀚无边，步履不停，无畏向前。

2022年4月16日，神舟十三号航天员乘组平安抵京，何小虎心潮澎湃。何小虎说，推动航天事业，不仅需要自身数年如一日的坚守，更是需要将航天精神传承给每一位为中国航天事业奋斗的年轻人。他希望未来能与更多年轻人一起成长，一起进步，共同助力中国航天事业伟大征程更上一层楼。

（1）案例一列举了几类大国重器，请根据案例知识，完善下面的表格。

大国重器	应用场景（主要功能）	科技创新成就
FAST射电望远镜		
远望号测量船		
复兴号动车列车组		
北斗卫星导航系统		
深海载人潜水器		
长征系列运载火箭		

（2）案例二讲述了大国工匠　　　　　　的故事。主人公出生于　　　　年，被誉为火箭心脏"　　　　　"。目前从事以　　　　、　　　　、　　　　及　　　　为代表的各型号液体火箭发动机喷注燃烧系统相关产品的精密加工。从"小徒弟"到"老师傅"，苦干实干加油干，在实现　　　　的人生理想路上披荆斩棘。

（3）大国重器展示大国实力，大国重器更呼唤大国工匠。请结合实际谈谈，你从何小虎身上学习到哪些优秀品质，新时期，如何在所学专业领域争做一名新时代大国工匠？

模块二　认识劳动之器

总体要求：用你自己喜欢的照片、视频、绘画、DIY 产品等多种方式，展示你所认识的大国重器，体悟工匠精神。

▶ **子任务一**　通过查阅资料等形式，介绍一款认识的大国重器。

我所认识的大国重器

大国重器名称：

所应用的领域：

照片粘贴处：

57

▶ **子任务二** 通过网络、查阅资料等形式,分享一位大国工匠,介绍其先锋事迹,感悟其身上展现的劳动精神、工匠精神。

我了解的大国工匠

工匠基本情况:

工匠先锋事迹:

照片粘贴处:

▶ **子任务三** 北京是中国的首都,是国家科技创新中心,中科院科技成就展落户中国科学院文献情报中心并长期对社会开放,同时还设有网上展厅。请你参观一次相关网上展览,谈谈你的收获与体会。

 劳动教育

1. 成果展示

以小组为单位,通过查找资料,介绍一款大国重器,讲清楚该大国重器的重要战略意义,讲清楚其研发过程、应用价值,分享其背后科研团队的感人故事,体悟大国工匠精神。

2. 劳动感悟

作为新时代的大学生,我们要弘扬"工匠精神",争做"大国工匠"。要立足岗位、提升技能,做工匠精神的践行者,做劳模精神的传承者,要推动科技创新,赋予工匠精神更高的科技含量。要珍惜国家大力发展职业教育的大好环境,学好知识,练好技能,要相信做技术工人也能大有作为,在平凡的岗位上也能书写精彩华章,要相信一技在手,技行天下,走遍全世界都不怕。

任务三

创新劳动工具

（1）2021世界机器人大会于9月10日至13日在北京举办。大会全面展示机器了人领域新技术、新产品、新模式、新业态。未来机器人将如何影响我们的生产生活，未来机器人长什么样？快跟随记者的镜头去世界机器人大会现场看一看！

2021世界机器人大会

（2）"大白"机器人做的手冲咖啡大家喝过吗？智能咖啡设备（大白机器人）能精准执行各种不同的动作。可完成取豆、称重、取水、上水、冲泡等一系列咖啡制作工艺。大白机器人复刻了大师级手冲咖啡的流程，能像咖啡大师一样在进行拉花工艺展示的同时保证每一杯咖啡都能达到最好效果。

在五棵松冬奥场馆
机器人送货还做手冲咖啡

随着科技的发展、消费者需求变化等，劳动工具呈现着数字化、智能化、绿色化、体系化的发展趋势。

1. 劳动工具的数字化

数字化时代，生产工具也必然面临更多的数字化改造。宽泛的说法是，凡是将信息、数据采集输入电脑中的软硬件，以及可以处理使用这些信息的软硬件，都是数字化劳动工具，如声卡、扫描仪、数码照相机、条码仪、电脑等。进一步来说，可以对复杂的信息或数据进行加工，能够呈现可量化数据信息的软硬件，供人们生产创造使用的，就是数字劳动工具。这些数字化劳动工具大幅提升了人们处理生活、工作等各种事务的效率，既"快"又"好"。随着互联网、大数据、云计算、人工智能、

区块链等数字技术的加速创新和应用,数字化的生产工具将越来越普及于老百姓的日常工作和生活。

2. 劳动工具的智能化

进入人工智能时代,人工智能技术的不断突破将推动人类劳动工具智能水平的日新月异。智能汽车、智能计算机、智能机器人、智能家居、智能家电等一大批高科技产品将高度智能化。例如,具有感知能力而反应灵敏;具有认知能力而识人辨物;具有自学习能力而熟能生巧;具有自然语言理解能力而善解人意;具有人工情感而人－机和谐。

展望未来,智能汽车的商业化应用不仅能弥补劳动力缺口,更能将单纯的运输工具变成承载更多属性和智能的移动生活空间,让人们的出行更加便捷、高效和舒适。

可以预见的趋势是,随着智能劳动工具的普遍应用将使以人的体力劳动为主的工种、简单重复的工种及毫无创意的工种逐渐消亡。人的自然智能与机器的人工智能的有机结合,使得人机协作、人机融合型工种不断增加。

3. 劳动工具的绿色化

推动绿色发展、促进人与自然和谐共生是我国经济发展的必然趋势。经济社会发展全面绿色转型的关键在于生产生活方式的绿色转型。生产方式涉及劳动者、劳动对象、劳动工具、劳动环境、劳动产品等诸多要素,其绿色转型包括这些要素自身及其整体的生态化,故劳动工具的绿色化、低碳化同样是未来的发展趋势。如太阳能汽车、纯电动汽车、氢气汽车等绿色出行工具等,低能耗、低排放的劳动工具将逐渐得到生产企业的重视和研发的高投入。

2022年2月9日,由2022北京新闻中心主办的"双奥之城新气象——2022中外媒体北京行"城市形象特色采访活动走进北京经开区金风科技可再生能源"碳中和"智慧园区和百度阿波罗科技公园,60多名中外媒体记者深入探访北京经开区的科技创新企业,零距离感受北京高水平创新新高地的崛起。

当天,中外媒体团一行人虽然说着不同的语言,却总是露出相同的表情。北京经开区在"碳中和"、自动驾驶方面的最炫黑科技,让他们形成了关于"双奥之城"北京的最新独家记忆,而震撼、好奇、惊喜也成为他们这趟旅程的关键词。

第一站,金风科技可再生能源"碳中和"智慧园区。

记者团一行人刚刚踏入园区,就被"大风车"叶片做成的座椅、室外会客室以及智能储物柜所吸引,更是对这种叶片回收的创新思路点赞。武汉长江日报记者詹松用手轻轻地触摸着叶片后感慨地说:"似乎还能感受到他们曾经'追风'的日子,叶片回收一直是风力发电最大的课题之一,能看到这些风车在'退伍'后以这样的方式回归我们的生活,非常感动。"

园区雕塑"一支叶片的旅行"

作为中国首个可再生能源"碳中和"智慧园区,金风科技可再生能源"碳中和"智慧园区是集可再生能源、智能微网、智慧水务、绿色农业和运动健康等功能于一体的可感知、可思考、可执行的绿色园区生态系统。记者团一行在金风科技数字化展厅、园区集控中心和智能微网实验室"充分吸收"着丰富的"绿色新知",不断解锁关于中国低碳绿色的创新与实践。园区的智能与绿色,让记者们不禁发出连连赞叹。而接连不断的热烈提问,传达着他们对前沿科技的惊喜与好奇。

刚刚亲密接触了风机玻璃钢叶片的"硬度",记者一行又被园区内金果舒光伏智能温室的"温度"所温柔包裹。一进到温室,戴眼镜的记者朋友集体陷入了短暂的"迷茫",等戴上擦去雾气的镜片,眼前的绿意盎然和硕果累累又让所有人情不自禁地"哇"了出来。

劳动教育

记者们来到金风科技温室大棚

几乎生长到天花板的水培小番茄、仿佛马上就要"呱呱坠地"的大南瓜……让记者们感叹的不是温室里的果蔬缤纷,而是这个在冬日里充满收获气氛的 3000 多平智能生态温室,是通过屋顶的薄膜光伏板实现了 80% 的供能。事实上,在短短的旅程中,记者们赞叹的不仅是创新科技的力量,还有在这里窥见的"可持续 更美好"的未来。

第二站,百度阿波罗科技公园。

下午,采访团来到全球最大的自动驾驶和车路协同应用测试基地——百度阿波罗科技公园(Apollo Park),他们不仅参观了自动驾驶汽车历史车型展区、指挥调度中心、5G 云代驾大厅,还上车体验了一把自动驾驶。

"刚才的左转弯是自动减速?好厉害!"韩国纽斯频通讯社记者崔宪圭在副驾驶位置上分享着自己激动的心情。这是他第一次体验自动驾驶技术,车上的崔宪圭忙个不停,一会儿盯着自动转动的方向盘,一会儿观察小屏幕上的智慧路况分析,手上更是紧紧握着云台,生怕错过对每个瞬间的捕捉。

据了解,记者们所乘坐的车型是中国首款前装量产的具有全无人自动

记者试乘自动驾驶汽车

驾驶能力的乘用车。"虽然是自动驾驶，但感觉技术和平时的有人驾驶是一样的，感觉自动驾驶的车也有个'老司机'的大脑。太羡慕北京经开区的居民了，可以随时使用到 Robotaxi（自动驾驶出租车）。"崔宪圭笑着说。

像崔宪圭一样被自动驾驶的魅力所征服的中外记者不在少数。这个车怎么生产的？如何保证安全？做过什么测试？成本高不高？能不能批量生产？什么时候能普及？……记者们对中国自动驾驶技术充满好奇，更是对未来自动驾驶的普及充满期待。

在 5G 云代驾大厅，记者们的好奇心再次被自动驾驶的未来场景点燃。手机、数码相机、单反相机等各式设备齐刷刷地对准正全神贯注的云代驾驾驶员们。面对记者们的热情，驾驶员们"不为所动"，他们始终专注地通过方向盘上方的大屏幕观察车辆的行驶情况，判断周围的路况信息。而他们看到的视角，正是一辆辆在真实道路上行驶的自动驾驶车辆。

记者们来到 5G 云代驾大厅

现场的相关负责人介绍，通过中国普遍部署的 5G 作为基础设施，百度已经实现了 5G 云代驾，在车辆阻塞遇困的场景下，能够通过远程平行驾驶实现脱困，在无人化的条件下保证安全送达。"刚了解到 5G 云代驾还处于测试阶段，未开放乘客体验。不过，我相信这样的未来并不遥远，我已经迫不及待地想要做一次云代驾的乘客了。"崔宪圭说道。

事实上，中外记者体验到的 Robotaxi（自动驾驶出租车），只是北京经开区多个自动驾驶应用场景之一。北京经开区在"两区"建设中，着力推进建设的全球首

> 劳动教育

个网联云控式高级别自动驾驶示范区和国内首个智能网联汽车政策先行区，孵化出多种自动驾驶应用场景，无人清扫车、无人巡检车、无人零售车、无人配送车等已走进区内职工、居民的生活中。此外，在北京经开区形成的网联云控式自动驾驶汽车产业发展服务模式也已成熟，并正在全市复制推广，助力智能网联汽车产业发展。

案例分析

（1）案例中，记者团先后走访了金风科技可再生能源"碳中和"智慧园区、百度阿波罗科技公园两个园区。在金风科技可再生能源"碳中和"智慧园区，记者们被 _____ 所吸引，这些座椅或者储物柜充分体现了未来劳动工具的 _____ 特性。

（2）在百度阿波罗科技公园，记者们主要探访了 _____ 、_____ 等区域，还上车体验了一把 _____ 。无论是5G云代驾大厅还是自动驾驶，充分体现了未来劳动工具的 _____ 、_____ 特性。

（3）结合案例提示，你还能找出一些具有智能化、数字化、绿色化等特征的劳动工具吗？请举例说明。

_____
_____
_____
_____

身体力行

总体要求：用你自己喜欢的照片、视频、绘画、DIY产品等多种方式，展示你认为能够代表未来的劳动工具。

▶ **子任务一** 地球是人类赖以生存的家园，追求绿色低碳已经逐渐成为一种生活方式，我国力争2030年前实现碳达峰，2060年前实现碳中和，请你结合实际，谈谈日常出行中你是如何践行绿色低碳的出行理念的。你目之所及的出行工具哪些更低碳，更绿色环保呢？

_____

模块二　认识劳动之器

● 子任务二　智能家居、智能分拣，智能机器人、无人驾驶等科技进步给我们的生产生活带来了极大便利，请你结合实际，谈谈你身边的智能工具都有哪些？它给你带来了哪些体验呢？你还有什么期待？

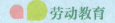
劳动教育

▶ **子任务三** 结合你的专业以及就业方向，发挥你的想象力，设计一款你认为能充分体现科技创新和未来发展的劳动工具。

我所期待的劳动工具

随着现代科学技术的不断发展,绿色低碳、数字智能将是未来劳动工具的发展趋势。尤其是在智能经济时代,以人工智能为核心驱动的新型智能机器将取代传统的人工劳动,这也为职业院校毕业生带来了新的挑战。一方面大家要积极提升自身的工作能力;另一方面要紧跟趋势,掌握新技术,以适应智能机器时代的发展。当然,用人企业在进行技术创新时,不仅要注重对产品的研发与生产,还要注重对从业者的再培训、再教育。

模块小结

劳动工具是人类通过劳动认识世界和改造世界的媒介,它在诞生之初就蕴含了人类劳动的目的、价值、方法、观念、能力、精神和品质,是劳动文化的有形载体,在劳动教育中具有不可或缺的重要作用。

劳动工具的内容和形式是随着经济和科学技术的发展而不断发展变化的。从早期依靠自身体力用手操作,到机器的出现,再到劳动工具信息化、数字化、智能化的今天。科学技术的进步带来了劳动工具的迭代出新,劳动工具的升级也带来了生产效率的极大提升。

作为与产业实际结合最紧密的职业院校学生,要紧跟时代步伐,不断提升科学素养和创新能力,以期适应劳动工具变革对职业和就业带来的挑战和影响。同时,也要继承和弘扬工匠精神、劳动精神、劳模精神,为大国重器的锻造和使用贡献职业院校学生的智慧和力量。

模块三 掌握劳动之技

  通过开展结合专业的实习实训、专业服务、社会实践、勤工助学等职业劳动，掌握职业劳动实践操作的基本原理、程序、规则，以及正确使用工具的方法和技术；掌握专业领域的新知识、新技术、新工艺、新方法；培养学生正确劳动价值观和良好劳动品质，实现树德、强技、增智、增能、增自信、增幸福的目的。

掌握在专业领域中劳动技术的基本知识、原理、规则、技术、规范、工艺、标准和方法；

掌握实践操作流程和工具的使用方法等劳动技能。

能积极主动动手实践、接受锻炼、身体力行、敢于面对困难和挑战；

能将自己所学的专业技术运用到日常生活、生产劳动和社会服务中，用劳动创造更多的价值和幸福；

能在实践劳动、专业学习和技能训练中体悟到劳动不分贵贱，任何职业都很光荣，都能出彩。

树立正确的劳动价值观，练就精湛的劳动技能，培养良好的专业素养和职业精神；

在劳动技术中增强职业认同感、劳动自豪感和奋斗幸福感，培养艰苦奋斗、勇于创新、甘于奉献的劳模精神，以及精益求精、追求卓越的工匠精神和爱岗敬业的劳动态度；

具有设计、操作和团队合作的能力，以及不断进取、敢于面对困难和挑战的能力；

具有自立自强的意识和能力。

任务一

劳动塑造自我

一针一线绘制出精彩人生

顾文霞,苏秀技艺的传人,她以针为犁,以缎为田,绣出了瑰丽美好人生。

顾文霞出生在苏州西郊木渎古镇,从14岁起跟着妈妈学习基本刺绣技术。当时学习刺绣主要是为了养家糊口,后来渐渐地爱上了这门艺术。1954年她以一朵含苞待放的刺绣作品《红梅》考入苏州文联刺绣小组,成为了解放后第一批刺绣技术专业人才,也从此开始了她瑰丽似锦的苏绣人生。

刺绣是一种非常辛苦的工作,劳动强度很大,往往一个姿势就要待好几个小时,但是她都坚持下来了。当别的孩子在外面追跑打闹的时候,她在模仿妈妈刺绣的动作,同样的一个作品,她比别人绣得快、绣得好。年轻的顾文霞虽然技艺超群,但是她深知技艺无极限,为此她拜绘猫专家曹克家为师,她每天都要记一记自己今天学了多少?日夜思索如何掌握更加出色的绣猫要领,掌握隐于毛线中的猫骨架,经过多年的努力,创造出自己独特的绣猫技法,她运用稀针打底、分层加色、层层密密施针的方法,以交叉重叠的丝线突出毛丝覆盖的层次,绣出质感,用集套针、换针、换线、向圆心套绣藏针等方法,绣出光感,使得绣出的猫显得逼真传神、富有质感。她绣的猫被誉为"神奇的杰作"。

顾文霞对细微处的极致观察,对技艺的卓越追求,创造出苏绣一个个新的里程碑。顾文霞的劳动成果得到了广泛认可和赞赏。她的作品以精湛的工艺和独特的设计风格而闻名,不仅在国内市场上备受关注,还吸引了国际上的目光。顾文霞荣获多个奖项和荣誉,这些荣誉的背后是她不断学习和创新的劳动成果。

此外,顾文霞积极参与传统手工艺的推广和发展工作,她参与了各种文化活动和展览,向更多的人展示苏州传统手工艺的魅力。同时,她还担任培训师傅的角色,传授技艺给年轻一代,为传统手工艺的传承和发展贡献自己的力量。

劳动教育

习近平总书记说过："生活靠劳动创造，人生也靠劳动创造。"劳动是财富的源泉，也是幸福的源泉，劳动是一个增智、增能、增自信的过程。人类要生存，民族要振兴，国家要强盛，个人要发展，都离不开劳动，不畏艰辛，诚实劳动，方显英雄本色。树立正确的劳动价值观，磨炼技术技能，发挥专业所长，勤于探索，敢于担当，弘扬艰苦奋斗、勇于创新、甘于奉献的劳模精神，努力成为担当民族复兴大任的时代新人，为创造美好生活而劳动，为建设更强大的祖国而奋斗。

1. 劳动能力

在现实生活中，劳动者的劳动能力决定了劳动者能够为自己创造怎样的生活条件、环境和质量。劳动能力主要是指从事劳动所必备的知识、技能和态度，以及综合运用这些知识、技能和态度去解决问题的能力。

劳动能力包括生活劳动能力和职业劳动能力。

生活劳动能力：与吃饭、穿衣等生活活动相关的能力，是从经验生活中获得的，其获取方式相对简单。

职业劳动能力：一般指能认识和使用专业化的劳动工具，熟悉劳动过程、运用劳动方法等。只有在工作过程中才能形成，其获取方式相对复杂。

2. 劳动技术

劳动和技术是人类社会发展中不可分割的两个重要组成部分。劳动是指人们通过付出体力和脑力的活动，创造价值并满足自身和社会的需求；而技术则是通过应用科学知识和方法，改变自然界，提高生产效率和生活质量的手段和方式。

技术是职业劳动能力的重要工具和手段。技术的发展改变了人类生活的方方面面。比如农业技术的进步，使得农田的耕作更加高效和节约资源；工业技术的应用，使得生产过程更加自动化、智能化，提高了生产效率；信息技术的发展，让人们在无线网络中互相连接，信息交流更加迅速和便捷。技术的进步不仅能够提高劳动效率，还可以改善生活条件，推动社会进步。

现代社会产业高度分化，人类劳动因而越来越专业化。无论是生活劳动，还是职业劳动，都越来越需要专业知识来支撑。智能化时代，劳动工具日益复杂，劳动活动也变得更加复杂。胜任职业劳动需要专门的技术技能，胜任职业劳动仅有知识是不够的，还需要做出产品，或者完成服务，在这个过程中所需的许多技能是在劳动过程中逐步形成的。

3. 劳动意志

劳动的过程看似简单，实际上是对外输出劳动价值的一种运动，这种价值的产生往往需要人们智慧地付出。劳动的过程需要学习，不断掌握新的劳动知识；需要思考，探究合适的劳动方法；需要协作，寻求最佳的劳动分工。从而培养自身的学习能力、思考探究能力、团队协作能力等，这样的劳动者，才能在新时代的职场中发展进步。

4. 劳动创造幸福

习近平总书记在致首届大国工匠创新交流大会的贺信中强调，要大力弘扬劳模精神、劳动精神、工匠精神，适应当今世界科技革命和产业变革的需要，勤学苦练、深入钻研，勇于创新、敢为人先，不断提高技术技能水平，为推动高质量发展、实施制造强国战略、全面建设社会主义现代化国家贡献智慧和力量。党的十八大以来，总书记高度重视技能人才工作，多次作出重要指示批示，深深激励了广大劳动者特别是青年一代走技能成才、技能报国之路。青年是整个社会最积极、最有生气的力量，是劳模精神、劳动精神、工匠精神的传承人和接棒人。

新时代技能青年生逢盛世，大有可为、大有作为。

近年来，我国围绕技能人才培养、使用、评价、激励，持续推出多项重磅政策举措，从组织实施职业技能提升行动、全面推行中国特色新型学徒制，到制定技能人才薪酬分配指引、新时代"八级工"制度，技能成才之路越走越宽。广大技能人才要牢记总书记嘱托，立志民族复兴，以技为马、不负韶华，在青春的赛道上奋力奔跑，跑出新时代技能青年的最好成绩。

5. 劳动成就梦想

加入世界技能组织以来，我国连续参加五届世界技能大赛，共有179位技能健儿出征参赛，他们用拼搏和奋斗不断攀登技能巅峰，奏响了嘹亮的青春之歌，展现了中国技能青年的热血与担当。他们之中，有166名选手获得"全国技术能手"荣誉称号，有的获得了"中国青年五四奖章"，有的当选为人大代表、政协委员，有的享受政府特殊津贴，有的被推荐评选为有突出贡献中青年专家。放眼各行各业，建筑石雕"筑"出世界冠军，拧螺丝"拧"成全国劳模，手持焊枪登上国际大赛领奖台，技能不断演绎精彩人生故事。实践证明，技能是广大青年实现人生梦想的重

6. 劳动塑造自我

"95后"邹彬坚持自己内心的标准，为砌好一面墙反复推倒重来，从农民工成长为全国技术能手；电工罗佳全"每次用螺丝刀都会比别人多琢磨一会儿"，坚持比别人多干一点、多想一点，从初中生成长为国家级技能大师。技能成才的道路并非坦途，有时充满了艰辛和曲折，甚至布满了荆棘，需要长期坚守、艰苦磨炼。要坚定理想信念，以民族复兴为己任，把人生理想融入党和国家伟大事业，立足本职岗位发光发热。要爱岗敬业、艰苦奋斗，干一行、爱一行、钻一行，沉下心、肯吃苦、多练习，心无旁骛钻研技能，勇于攀登技能高峰，练就一身绝技绝活。要增强创新意识、培养创新思维，适应新一轮科技革命和产业变革的需要，密切关注行业、产业前沿知识和技术进展，勤学苦练、深入钻研，不断提高技术技能水平，用精湛技艺擦亮中国制造、中国创造的金字品牌。"心心在一艺，其艺必工；心心在一职，其职必举。"

制作和使用劳动工具是人区别于其他动物的标志，是人类劳动过程独有的特征。

劳动工具又称生产工具，是人们在生产过程中用来直接对劳动对象进行加工的物件。它用于劳动者和劳动对象之间，起传导劳动的作用。劳动工具是劳动资料的基本和主要的部分，是机械性的劳动资料。从原始人使用的石斧、弓箭，到现代化的各种各样的机器、工具、技术设备等，都同样起着传导劳动的作用，均属生产工具。

世界技能大赛冠军杨金龙——"一把喷枪绘出精彩人生"

世界技能大赛冠军、全国五一劳动奖章获得者、全国技术能手、全国爱岗敬业汽修工楷模……这一个个耀眼的荣誉和头衔都属于27岁的云南小伙杨金龙，年纪轻轻的他就已经是一名特级技师了。

杨金龙1994年10月出生在云南保山农村家庭，父母靠务农维持生计，家庭经济并不宽裕，2009年中考没考上重点高中。上初中时，他就想学一门技术，早点赚钱，为家庭分忧。村里人知道他放弃就读普高后纷纷摇了摇头，杨金龙自己却没有任何气馁和迷茫。2010年3月，杭州技师学院来学校招生，专业是汽车钣金与

新时代劳动者之歌·杨金龙

涂装。杨金龙起初只是出于好奇去随便听听，然而听着听着，就喜欢上了给车喷洒颜色的活儿。

绝技：苦水、汗水中浸泡

到杭州技师学院学习后，杨金龙把大部分的时间和精力都花在学习与实操钻研上。课堂上，杨金龙总是最认真的那个，他认真学习每一个技术操作，仔细钻研琢磨每一种材料和染料，用心掌握每一件工具。

在很多同学和老师眼里，杨金龙对专业技术的痴迷，甚至到了废寝忘食的程度。常常为了攻克一个问题而在实训车间待到凌晨。一次偶然的机会杨金龙看到学校中职比赛的选手们在训练，杨金龙认为比赛训练能拥有更多的时间和材料来实践，就开始关注各类比赛动态并加以练习。终于在2011年学院举行的学生技能运动会上，他以优异的表现一举夺魁。

从那之后，杨金龙从市级、省级、国家级各类技能竞赛中，慢慢找到了自己的优势，先后获得浙江省中职技能大赛冠军和全国赛二等奖。

世界技能大赛（以下简称世赛）被誉为"技能界的奥林匹克"。2014年2月，第43届世赛汽车喷漆项目中国集训基地落户杭州技师学院。杨金龙得知消息后毅然辞掉工作，决定报名参加世赛。最终他以全国选拔赛冠军的成绩挺进国家队。

"训练异常艰苦，中途有其他选手退出，但我坚持了下来。"据杨金龙回忆，夏天训练时，室内温度能高达40℃，为了不影响训练效果，全身必须裹得严严实实，一天训练下来要换七八套工作服是常有的事。长达一年的高强度集训，枯燥又辛苦，"比赛前一周，是连续的'魔鬼训练'——每天练到凌晨一两点，早晨6点起床继续，为的是让自己的身体能够适应高强度作业，保持技术稳定。"杨金龙说。但恰恰是这一过程，让杨金龙对工匠精神的内涵有了新的认识，对劳动有了更深的体会。

功夫不负有心人，2015年8月，杨金龙勇夺第43届世赛汽车喷漆项目冠军，实现了中国世界技能大赛金牌零的突破。

"我从没想过自己能像体育健儿一样在世界级的舞台上为国家而战，并通过自己的努力为国争光、为国赢得荣誉。"据杨金龙讲，现在回想起当时身披中国国旗、站在领奖台上接过金牌的那一刻，还是会很激动。

成功：引领技术立业

回国后，杨金龙毅然回到学校任教，作为第43届世界技能大赛汽车喷漆项目的冠军，年轻的杨金龙成为浙江省首位特级技师。

"这足以说明，在国家如此重视技能人才的当下，年轻人靠技能立业的大好时代已经到来。"杨金龙表示，能获得这么多的殊荣出乎意料。他认为，社会尊重技能人才是技能人才蓬勃复兴的基础。

如今，杨金龙是浙江省第一个特级技师，被破格提拔为杭州技师学院教师，享受教授级高级工程师待遇。未来技能人才不再是传统意义上的民工，而是制造业中的技术先锋，是国家打造制造业强国的中坚力量。

案例分析

（1）本案例讲述了＿＿＿＿＿，在＿＿＿＿＿时间，在＿＿＿＿＿条件下，＿＿＿＿＿的动人事迹，用＿＿＿＿＿塑造自我，铸就精彩人生。

（2）杨金龙的绝技是如何练就出来的？请填表举例。

序号	项目		
	困难和挑战	困难和挑战	困难和挑战

（3）杨金龙"一把喷枪绘出精彩人生"的劳动价值是＿＿＿＿＿＿，你认为这给你带来了＿＿＿＿＿＿＿＿＿＿＿＿＿＿＿＿＿＿＿＿＿＿＿＿＿等方面的影响。

（4）从案例中找出杨金龙获得世界技能大赛冠军的关键在哪里，然后填写下表。

内容	项目		
	具体事实	你的理由	你的感受
知识学习			
技能训练			
技术要求			
技术规范			
劳动创造			

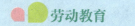

▶ **子任务一** 设计一次"茶艺比赛"活动。

"　　　　"活动设计方案

活动主题：

活动方案：

劳动掠影：

成果展示：

劳动感悟：

▶ **子任务二　开展一次"专业实践课"活动。**

学生和专业教师一起设计一堂专业实践课，准备内容包括实践课内容，实践课的课前实训设备、工具、软件等，以及实践操作流程、规范标准，实践指导，课后实训室整理（6S）等。

专业实践课设计方案

劳动教育

> 子任务三　设计一次"艺术插花"活动。

"　　　　"活动设计方案

活动主题：

活动方案：

劳动掠影：

成果展示：

劳动感悟：

窦铁成，全国劳动模范、全国五一劳动奖章获得者、2019年"最美劳动者"、中国中铁一局电务公司第十工程公司高级技师，被誉为"专家型技术工人""金牌工人"。参加工作40多年来，他立足本职工作，以顽强的毅力坚持走自学成才、岗位成才之路，从一名只有初中文化的普通工人，成长为一名学习型、知识型、技能型、创新型技术专家。累计解决现场施工技术难题69项，提出设计变更7次，解决送电运行故障400余次，获得国家实用新型专利4项。

窦铁成锲而不舍地在他热爱的岗位上展现一个大国工匠的情怀和担当精神，把平凡的工作做到极致，用自己的技术和创新成就精彩人生。

任务二

劳动成就工匠

课前认知

匠人轶事——木雕大师段国梁

段国梁,一位杰出的木雕大师。

段国梁从小就对木雕艺术充满了热情。他在乡村的家庭作坊里观摩了许多老师傅们的工艺,对他们的技巧和创作灵感深深着迷。年幼的段国梁决心将自己的梦想转化为现实,他开始认真学习、研究木雕技艺。

段氏父子与他们的木雕技艺生涯

木雕是一门需要耐心和细致的艺术,每一个细节都需要经过精心雕琢。段国梁在创作过程中从不急躁,他用心投入,不断努力学习,逐渐掌握了木雕的基本技巧和工艺。他深入挖掘木材的纹理和特点,巧妙地运用刀法和雕刻技巧,将生动、精致的形象刻画于木材之上。在细微之处追求完美,他愿意花费大量的时间和精力来雕刻每一个细节,追求每件作品的艺术性和独特性,他对细节的关注和追求完美的态度让他的作品达到了极高的水准。他不满足于平庸,始终保持着对艺术的追求和创新的精神。

段国梁的工匠故事告诉我们,只有通过不断地努力、追求卓越,创新进取、敢于突破,披荆斩棘、勇敢前行才能成为真正的工匠。

劳动知识

1. 劳动和工匠精神

劳动是工匠精神实践的基础。劳动是人们通过付出汗水和努力来创造价值的行为。只有通过持续地劳动,才能积累经验、提升技能,从而展现出工匠精神的追求卓越和追求完美的态度。劳动是工匠精神的实践平台,通过不断地劳动,工匠们可以将自己的技能和创造力发挥到极致。

工匠精神则是劳动的一种态度和追求。它强调追求卓越、追求完美，注重细节和品质。工匠精神不仅体现在手工艺和艺术领域，也可以延伸到各行各业。无论是制造业、服务业还是知识经济领域，工匠精神要求劳动者在工作中展现出专业技能、创新思维和扎实的知识基础。它追求对工作的热爱、责任心和专业精神，以及对自己所从事领域的深入理解和掌握。工匠精神的追求激励着劳动者持续提升自己的技能和素质，使劳动更加有价值和意义。具备工匠精神的劳动者可以带来更高效的生产和创造力的提升，为社会的发展做出重要贡献。

劳动和工匠精神是相互依存、相互促进的。劳动提供了实践的平台和机会，而工匠精神将劳动提升到了艺术和追求卓越的层次。劳动者通过工匠精神的实践，不断提升自己的能力和素质，推动社会的发展和进步。工匠精神的价值得到了劳动的体现，为劳动赋予了更高的意义和目标。我们应该培养工匠精神，在每一个岗位上追求卓越，为实现个人和社会的共同发展而努力。

2. 工匠精神的传承

当人类还处在遥远的远古时代时，由于环境的原因，远古的人类经常会遭受到野兽的侵袭，经常伤亡惨重。后来远古人经过长时间的探索，渐渐地学会了保存火种，使用火来驱赶野兽，并学会制作武器和一些很简单的生活用品，用于保护自己的食物和领地不被野兽侵袭。时光飞逝，他们慢慢地有了更高的智慧，并将制造技术代代相传，并且在原有的基础上有了越来越强的制造能力。

古代中国制造者们被称为"工人"。每一位工人都在用自己的制造技术为古代中国发展贡献一份属于自己的力量，而那些能力出众的制造工人又被尊称为"匠人"，后改为"工匠"。

说到中国古代技艺高超的"匠人"，就不得不提到鲁班。

鲁班，生于公元前507年，其生于工匠世家，看着家里人每天使用工具和制造建筑，耳濡目染之下也对这些东西产生了浓厚的兴趣，于是跟着家里人学习工艺技术。

随着技术的成熟，他有了很多丰富的经验。

鲁班大师一生有很多发明创造，如锯、钻、伞、刨子、墨斗、铲子、石墨等，这些发明将当时的劳动者从原始繁重的劳动中解放出来，效率翻倍，在他死后人们称鲁班大师为我国土木工程的"祖师"。

3. 工匠精神谱系

劳动者素质对一个国家、一个民族发展至关重要。当今世界，综合国力的竞争归根到底是人才的竞争、劳动者素质的竞争。这些年来，中国制造、中国创造、中国建造共同发力，不断改变着中国的面貌。从"嫦娥"奔月到"祝融"探火，从"北斗"组网到"奋斗者"深潜，从港珠澳大桥飞架三地到北京大兴国际机场凤凰展翅……这些科技成就、大国重器、超级工程，离不开大国工匠执着专注、精益求精的实干，刻印着能工巧匠一丝不苟、追求卓越的身影。一位位高技能人才以坚定的理想信念、不懈的奋斗精神，脚踏实地把每件平凡的事做好，在平凡岗位上干出了不平凡的业绩，共同培育形成的工匠精神，是我们宝贵的精神财富，成为中国共产党人精神谱系的重要组成部分。

习近平总书记强调："我国经济要靠实体经济作支撑，这就需要大量专业技术人才，需要大批大国工匠。"不论是传统制造业还是新兴制造业，不论是工业经济还是数字经济，高技能人才始终是中国制造业的重要力量，他们身上蕴藏的工匠精神始终是创新创业的重要精神源泉。截至2020年底，全国技能劳动者超过2亿人，高技能人才超过5000万人。实践充分证明，技术工人队伍是支撑中国制造、中国创造、中国建造的重要基础，对推动经济高质量发展具有重要作用。大力弘扬工匠精神，培养更多高素质技术技能人才、能工巧匠、大国工匠，才能为全面建设社会主义现代化国家、实现中华民族伟大复兴的中国梦提供有力的人才和技能支撑。

火箭"雕刻师"韩利萍——大国工匠托举航天梦

2020年7月26日，长征二号丙运载火箭托举遥感三十号05组3颗卫星，在西昌卫星发射中心顺利升空。中国航天科技集团山西航天清华装备有限责任公司打造的高品质运载火箭发射平台，又一次托举长征系列火箭成功飞天。

火箭发射平台关键零部件加工出自一位28年扎根航天生产一线、身怀"毫厘不差"精湛技艺的数控铣工之手。她就是党的十九大代表、国家级技能大师、中华技能大奖获得者韩利萍。

韩利萍是长治清华机械厂的一名数控铣工。刚工作时她对于如何用数控加工零件完全没有概念，根本摸不着门道。韩利萍知道自己不是一个有天赋的人，但她认准笨鸟先飞、勤能补拙的道理，韩利萍在家做饭，利用家中的土豆、萝卜雕画出零件的形状，这样可以直观地帮自己消化理解图纸。从那一天起，韩利萍家中的餐桌上便多出了一道切得大小不一、形状不同的"菜"。

火箭发射平台作为火箭发射的重要组成部分，直接影响火箭的发射成败，不允许有任何误差。航天无小事，成败在毫厘。以长征七号运载火箭活动发射平台为例，活动平台重1800余吨，有两个篮球场大。韩利萍负责加工的四通均流阀体是长征七号发射平台液压装置的关键控制件，不足200毫米见方的工件上大大小小分布着各种规格的70余个阀孔，每个阀孔的加工精度都必须控制在0.02毫米公差之间，这相当于头发丝粗细的1/3。这些阀孔的加工质量直接影响到发射平台支撑装置起降的精度和平衡度，稍有误差甚至会导致火箭发射无法精确入轨。

对于这样的难题，韩利萍却有着独到的加工思路。小、深、斜孔先行，动态补偿，刀具的优选，阶梯切削参数匹配，减小毛刺的方法等都是她多年操作经验的积累，也是她确保零件加工一次交验合格率100%、万无一失的"绝活"。在声音嘈杂的车间里，通过聆听刀具切削声音、感知机床振动频率、观察铁屑形状变化、触摸工件表面痕迹，她就能够准确判断出刀具磨损状态，捕捉到孔径微量变形信息，从而精准调整程序参数，确保产品质量稳定可靠。凭着这些"绝活"，圆满完成了包括长征七号、长征五号、长征二号F火箭在内的多项重大宇航产品地面发射设备的生产制造，成功托举长征系列运载火箭，一次次唱响了属于中国航天的"天歌"。

航天军工领域，产品新、技术难是任务的常态。大国工匠本色就是困难面前总是"毫厘"不相让。韩利萍从业28年来，她始终以国为重、扎根一线、勇于创新，一次次攻克了火箭发射平台数控加工技术难关，进行创新攻关300余项，获得5项国家专利，累计创效2000多万元，填补了几十种国防重点型号产品和新一代"长五、长七"火箭发射平台数控铣削加工空白，为载人航天、嫦娥探月、北斗导航等国家重点工程顺利实施作出了突出贡献。

案例分析

（1）本案例讲述了在_____领域，面对难题，_____的动人事迹，感悟_____工匠精神，铸就大国工匠。

（2）韩利萍的绝技是如何练就出来的？

　　　　　　　　　　　　　　　　　　　　　　　　　　　　　　　　
　　　　　　　　　　　　　　　　　　　　　　　　　　　　　　　　
　　　　　　　　　　　　　　　　　　　　　　　　　　　　　　　　
　　　　　　　　　　　　　　　　　　　　　　　　　　　　　　　　
　　　　　　　　　　　　　　　　　　　　　　　　　　　　　　　　
　　　　　　　　　　　　　　　　　　　　　　　　　　　　　　　　

（3）韩利萍"火箭雕刻师"的劳动价值是　　　　　　　　　　　　　　　，你认为这给你带来了　　　　　　　　　　　　　　　　　　　　　
　　　　　　　　　　　　　　　　　　　　　　　　　　　　　　　　
　　　　　　　　　　　　　　　　　　　　　　　　　　　　　　　　
等方面的影响。

（4）从案例中找出韩利萍成为国家级技能大师的具体事实，然后填在下表中。

项目	内容		
	具体事实	你的理由	你的感受
知识学习			
技能训练			
技术要求			
技术规范			
劳动创造			

子任务一　做一个活动方案，完成创新设计。

活动要求：结合自己的专业进行创新设计，围绕学习、生活和实践中的问题或困难结合专业最新技术，对某个产品进行设计或升级改造。

"　　　　"活动设计方案

活动主题：

活动方案：

劳动掠影：

成果展示：

劳动感悟：

子任务二　做一次"优秀人物"专题采访。

从选取优秀人物、设置采访场景、规划采访内容、录制采访视频、进行制作处理等环节进行一体化设计。优秀人物可以是学校技能竞赛获得最高奖项的参赛选手，也可以是优秀毕业生和优秀教师等。可以组建专题采访的团队共同来完成任务。

"优秀人物"专题采访

  2022北京冬奥会期间，一场场精彩赛事让全球观众享受到了无与伦比的视觉盛宴，而正是覆盖在冬奥场馆稳定的5G网络，为赛场人员和亿万观众带来了高速、稳定的通信体验。让我们一起走近2022北京冬奥会5G网络的大国工匠——中国联通北京市分公司高级工程师张嘉。

  面对奥运会庞杂的系统，实现5G通信保障，迎接张嘉和他的团队的是一个又一个的"硬骨头"。由于赛事在冬季进行，通信保障面临着低温、冰冻、大风天气的考验，雪上项目又多在山区，信号保障面临着非常大的压力。在被选定为2022年冬奥会高山滑雪场地前，延庆的小海坨山就是一座没有路、气象条件还差的荒山，张嘉和他的团队的重要任务就是要在这里覆盖5G信号。为了保证现场通信信号的传输效果，张嘉团队进入无人区，成为拓荒者，多次修改基站建设方案，在极寒温度下通过徒手熔接电缆、去极低温环境下做实验等工作，特别设计了大带宽、低时延、高可靠的5G网络。

  北京冬奥会上，当国旗升起的那一瞬间，张嘉和团队激动万分，张嘉说，虽然他们不能像运动员一样走上赛场，站上领奖台，但是高速稳定的5G网络，能让全世界各地的观众，坐在家里的电视机前，清晰地享受精彩时刻，他们一样也实现了心中的奥运梦想。他们坚持不懈、攻坚克难、永不言弃、精益求精、追求卓越，铸就了5G冬奥。

任务 三

劳动服务社会

大学生暑期社会实践 用专业特长服务乡村振兴

大学生暑期社会实践是培养德智体美劳全面发展新世纪优秀人才的重要途径，通过利用自己的专业特长，发挥专业技能和知识，将所学的知识应用到实践中，为社会提供专业化的支持和服务。大学生在社会实践中通常需要参与各种具体的工作和劳动，不仅能够增加实践经验，更能提升专业技能水平和综合劳动实践能力。通过实际的劳动，大学生能够亲身体验和了解工作的本质，培养劳动的价值和意义。

大学生暑期社会实践
用专业特长服务乡村振兴

大学生作为社会的一员，有责任回馈社会，特别是帮助发展相对滞后的乡村地区。通过用专业特长服务乡村振兴，为乡村振兴注入新的活力和希望，推动社会进步和可持续发展，同时能够以实际行动回报社会，使其所学所用发挥更大的价值。

大学生通过社会实践来培养和塑造积极的劳动态度和价值观，他们可以学会珍惜劳动成果、尊重劳动者的权益，同时也能够认识到劳动对个人和社会的重要性，进一步树立正确的价值观念。

习近平总书记强调，青年兴则国家兴，青年强则国家强。青年一代有理想、有本领、有担当，国家就有前途，民族就有希望。积极开展"技能志愿服务""专业志愿服务"活动，使学生在参与各类社会实践和志愿服务等义务劳动中，锻炼和提高综合劳动实践能力，体验劳动的意义和价值，并获得成就感、自信心。

1. 劳动与社会服务

劳动和社会服务之间存在紧密的联系。劳动本身就是一种社会服务。通过工作和劳动，人们为社会提供各种产品和服务，满足社会的需求。为了社会的繁荣和发展，无论是在制造业、农业、医疗保健、教育、科研还是其他行业，劳动者都在为社会做着贡献。

社会服务是劳动的一种扩展，也可以被视为一种特殊形式的劳动。社会服务领域包括救助机构、志愿者组织、非营利组织、医疗服务等。那些从事社会服务工作的人，无论是提供援助、教育、医疗还是其他形式的服务，都需要付出努力和时间。积极参与社会服务，不仅可以提高个人素质，还可以体验到奉献和共享的快乐，增强社会责任感和劳动的幸福感。

劳动和社会服务相辅相成，共同推动社会的进步和可持续发展。劳动是创造和满足社会需求的过程，为社会提供物质基础和经济发展的动力，而社会服务则为劳动者提供了更广阔的人文关怀和社会支持，共同构建着一个更加谐和与进步的社会。

2. 技能劳动服务社会

技能劳动者通过运用自己的专业技能，为社会提供各种服务，促进社会的发展和进步。

技能劳动服务社会主要包括以下 5 个方面。

一是提供专业化的服务。技能劳动者通过运用自己的专业技能，能够提供高质量、专业化的服务和支持，满足社会的各种需求。

二是推动经济发展。技能劳动者在各个行业和领域中发挥着重要作用，他们的专业技能和工作贡献促进了经济的发展和繁荣。

三是解决社会问题。通过技能劳动，人们能够解决各种社会问题和挑战，提供解决方案和创新思路，促进社会的进步和发展。

四是增加就业机会。技能劳动是就业的重要来源之一，通过提供各种技能工作岗位，为人们提供就业机会，提高生活水平和社会稳定。

五是传承与培养专业技能。技能劳动的实践过程中，技能劳动者与经验丰富的前辈进行交流和学习，促进专业技能的传承并培养新一代的技术人才。

六是技能劳动服务社会需要不断学习和提升自身的专业技能，积极适应社会需求的变化和挑战，推动技术的创新与进步。通过技能劳动的持续发展和不断提升，可以为社会的进步和繁荣作出积极贡献。

3. 劳动技能促进经济发展

我国加快推进经济结构调整和产业转型升级，迈向更高质量、更有效率、更加公平、更可持续、更为安全的发展之路。职业教育作为对接产业最密切、服务经济最直接的教育类型，在经济高质量发展中起到了重要的人力资源供给和生产力转化作用。

（1）为产业经济提供源源不断人才红利。中国职业教育主动适应经济结构调整和产业变革，紧盯产业链条、市场信号、技术前沿和民生需求，设置 1300 余种专业和 12 余万个专业点，覆盖国民经济各领域。近十年来，累计为各行各业培养输送 6100 万高素质劳动者和技术技能人才，促进中国人口红利的释放与实现，推动先进技术和设备转化为现实生产力，为中国产业链、供应链保持强大韧性、行稳致远提供了基础性保障和有生力量。

（2）为数字经济跑出加速度提供先导力量。伴随工业信息化、智能化转型，中国职业教育紧盯数字技术前沿，加快专业升级改造，布局一批新兴专业，提升数字技能人才培养能力。优化和加强 5G、人工智能、大数据、云计算、物联网等领域相关专业设置，重点打造互联网应用技术、大数据技术与应用等高水平专业群，扩大数字技能人才供给。开发设计大数据分析与应用、云计算平台运维与开发等职业技能等级证书，并融入职业学校人才培养全过程，与华为、腾讯等数字经济头部企业联合培养培训大批数字化技术技能人才，服务数字产业化和产业数字化。

（3）为生态经济提供"绿色技能"转化服务。中国正加快开展各领域低碳行动，推动全产业链生态化发展。职业教育积极参与绿色技能开发，设置绿色低碳技术、智能环保装备技术等专业，扩大绿色低碳技术技能人才供给规模。在职业教育教学标准体系中融入绿色低碳环保理念，将绿色技能纳入国家职业院校技能大赛赛项内容，把绿色要素、绿色理念融入职业学校课堂教学全要素、全过程。中国加强与国际合作组织在绿色技能开发上的合作，通过亚太经合组织（APEC）的"职业教育系统开发绿色技能"项目，将绿色、环保、可持续发展理念融入职业教育与培训体系。

4. 劳动技能服务社会发展

"大国工匠，国家就需要你这样的人。"2021 年 6 月 29 日，在庆祝中国共产党成立100周年"七一勋章"颁授仪式上，习近平总书记将沉甸甸的"七一勋章"授予在焊工岗位奉献50多年的艾爱国。温暖人心的话语，既饱含亲切关怀，又寄予殷切期盼，激荡起万千大国工匠心中的信心和豪情，宣示了高技能人才在全面建设社会主义现代化国家中非同一般的分量。

高技能人才作为各行各业产业大军的优秀代表、技术工人队伍的核心骨干，始终是推动现代化建设的重要力量。在中国共产党团结带领中国人民进行革命、建设、改革的壮阔征程中，涌现出一大批大国工匠、能工巧匠，为各项事业蓬勃发展挥洒辛勤汗水、贡献精湛技艺、汇聚创新智慧。从"工人老大哥"的称呼响遍全国，到一线工人登上国家科技最高荣誉殿堂，高技能人才队伍规模不断壮大、结构日益优化、分布更加均衡，推动我国实现基础设施从"一张白纸"到全面跃进、造车建桥从依靠外援到独立自主、关键技术从学习借鉴到自立自强的历史跨越。

"执着专注、精益求精、一丝不苟、追求卓越"——长期实践中培育形成的工匠精神，激励广大劳动者为全面建成社会主义现代化强国不懈努力。

综合国力竞争说到底是人才竞争。纵观大国崛起史，工业强国都是技师技工的大国。小到一颗螺丝钉、一支圆珠笔，大到一架飞机、一枚火箭，那些设计精细、质量过硬、技术领先的产品背后，都有强大的高技能人才队伍做支撑。无论是"工业互联网"的提出，还是"工业4.0"战略的推进，各国在振兴制造业的进程中，都把促进职业技能开发、提高劳动者素质作为重要手段。

21世纪以来，全球科技创新进入空前密集活跃的时期，新一轮科技革命和产业变革正在重构全球创新版图、重塑全球经济结构。迈步在复兴之路上的中国，打好关键核心技术攻坚战，加快攻克重要领域"卡脖子"技术，实现高水平科技自立自强，迫切需要更多适应技术进步、生产方式变革和社会公共服务需要的技术型、创新型、复合型技能人才，打造更具国际竞争力的技能人才优势。

劳动技能不仅是重复昨日的事情，更在于在履职尽责、服务岗位的过程中，发挥聪明才智，书写创新篇章，为国家不断前行注入新的动力。那些在岗位上精益求精、推动事业进步的劳动者，深刻诠释了"艰苦奋斗、勇于创新"对于推动党和国家事业的重要意义，激励着更多的劳动者在平凡的岗位上弘扬工匠精神，为事业前进注入磅礴动力。

5. 劳动技能服务百姓生活

随着时代的发展，人民生活水平有了很大提高，同时必须看到，在创造美好生

劳动教育

活的实践进程中肯定还会存在这样那样的困难和问题，如上学难、看病难、住房难、养老难、就业难、出行难等。幸福不会从天降，美好生活靠劳动创造。同时，奋斗不只是响亮的口号，而是要体现在"一个汗珠子摔八瓣干出来"的实践中，落实到做好每一件事、完成每一项任务、履行好每一项职责的过程中。

2022年获得全国五一劳动奖章的966人中，有373名产业工人、149名农民工，还有货车司机、网约车司机、快递员、外卖配送员，等等。无论是改变世界，还是改变我们自己的生活，不仅需要实现梦想的雄心壮志，更需要践行梦想的脚踏实地，需要干一行、爱一行、钻一行的韧劲，需要把一件件小事做好、做扎实、做到极致的坚持。人生而平凡，能让我们活出不凡的是劳动、是创造、是实干。

"双奥之城"的志愿者故事

微光成炬，向光而行。志愿者，用平凡书写伟大的一个群体。北京2022年冬奥会期间，有1.8万名赛会志愿者和20余万名城市志愿者参与服务。国际奥委会主席巴赫在闭幕式致辞中对志愿者的表现予以了肯定，他用中文说："志愿者，谢谢你们。"国际奥委会运动员委员会委员代表全体运动员向6位志愿者代表送上灯笼，感谢全体志愿者为北京冬奥会成功举办所作出的贡献。

精彩冬奥　用微笑传递爱

1. 发挥专业技能解难题

来自河北建筑工程学院的志愿者代表李俊翰是云顶场馆闭环外的交通业务领域志愿者。大年初二，李俊翰在执勤过程中，发现场地旁路面上的井盖被压碎。在发现这一情况后，李俊翰和同组志愿者立即进行了汇报并用锥桶进行了围挡处理。不久后，负责维修的师傅来到了现场，准备用钢筋和钢板对井口进行应急处理。此时，李俊翰和同伴也来到维修点旁，承担起了引导车辆通行、人员上下车的任务。

在这一过程中，李俊翰发现工人师傅虽然已经确定了抢修方案，但因为抢修焊接有难度且人手不足，工作很久不见进展，并且对周边车辆通行产生了影响。见此情景，李俊翰毛遂自荐。凭借在校期间学习的焊接技术，他协助两位师傅将 10 根钢条打入路面并与钢板焊接在一起，完成了井盖应急抢修的工作。"听到两位师傅连声感谢，看着现场交通秩序逐步恢复，我的自豪感油然而生，这更加坚定了我志愿服务的信心和决心。"

2. 专业知识提高服务专业水准

来自体育院校的志愿者们因为"专业"成为一道亮丽的风景线，他们在身心素质和知识技能上都展现出超凡的"专业水准"，展示着"迎难而上、能打硬仗"的专业精神。

来自北京体育大学中国冰上运动学院运动训练专业的大三学生杨曦凭借十多年的花样滑冰经历，成了一名补冰员。在冬奥会上，补冰员是唯一可以跟运动员一样穿着冰鞋在冰面上滑行的志愿者。补冰员需要在单项比赛结束后的 5 至 10 分钟内，找到运动员跳跃时在冰面留下的小坑，进行修补，对专业技术要求极高。杨曦作为一名花样滑冰专业运动员，对运动员的跳跃轨迹和路线比较熟悉，能够快速找到小坑，及时修补冰面，用他的专业知识提升了志愿服务水平。

来自北京体育大学的大三学生仇琳，借助所学专业优势，搜集了大量相关资料，充分了解中国的体育产业、冰雪运动发展情况，做好赛时志愿服的充足准备；同时，仇琳每天强化英语练习，提高英语口语能力和语言表达能力，同时还坚持阅读中文书籍，每天写一篇读书笔记，她怕自己坚持不下去，就每天在微博或者小程序上打卡。仇琳说，"打铁还需自身硬"，一定要把"自身硬"这件事做到位。

劳动教育

案例分析

（1）本案例讲述了在_____期间，在_____环境下，_____的动人事迹。通过此案例，我们可以感悟到冬奥会、冬残奥会志愿者服务的_____、_____、_____、_____和_____。

（2）志愿者在冬奥会的高质量服务是如何练就出来的？

（3）志愿者在服务中的劳动价值是_____，你认为这给你带来了_____等方面的影响。

（4）从案例中找出韩利萍成为国家级技能大师的关键，然后填写下表。

项目	内容		
	具体事实	你的理由	你的感受
知识学习			
技能训练			
技术要求			
技术规范			
劳动创造			

子任务一 参加"专业技能大赛"的志愿服务工作。

结合学校承办的国家级、省部级或校级技能竞赛，参与技能大赛的志愿服务工作，包括竞赛场地布置、竞赛培训、竞赛设备和工具的准备、通信服务、音视频拍摄等，用自己的专业知识和技能解决服务中的问题，用自己的劳动和付出实现高质量的服务。

服务心得：

劳动教育

> **子任务二　参与"校园安全检查"服务工作。**

校园安全工作直接关系着学生的安危、家庭的幸福、社会的稳定。做好学校安全工作，创造一个安全的学习环境人人有责。组建安全检查志愿小分队，组织开展安全知识、技能与标准培训，定期对校园进行安全隐患排查，创建平安校园环境，增强安全意识、安全防范能力和自我保护能力，为全校师生的安全做好服务。

服务心得：

▶ 子任务三　参加"社会公益"志愿服务。

自己的专业知识和技能参加紧急救援、社区服务、慈善服务、社团服务、文化艺术活动、庆典活动、环境保护等志愿服务。培养尊重劳动、体验劳动、热爱劳动的意识，形成正确的世界观、人生观、价值观。

服务心得：

 劳动教育

 课后拓展

　　劳动者用他们的专业技术技能，在各个领域为社会做出了贡献。医务工作者为患者提供医疗服务，治疗疾病，挽救生命。教育工作者为社会培养人才，传授知识，推动社会进步。建筑工人为社会建设提供了重要的支持。农民为社会提供粮食和农产品。工程师和科学家通过研究和创新为社会带来了许多重要的发明，促进技术进步。社工人员为弱势群体提供帮助和支持。还有很多其他行业的劳动者通过自己的努力和付出为社会创造价值。他们的辛勤劳动和专业技能推动了社会的进步和发展。

模块小结

　　一分耕耘一分收获，劳动是人生活的基本方式，是生活中的平常事。正所谓，不积跬步，无以至千里，只有从点滴的劳动做起，才能做好小事、成就大事。"从德智体美全面发展到德智体美劳全面发展"，习近平总书记在全国教育大会上进一步强调了新时代的教育目标。作为引导大学生树立正确的劳动观、养成劳动习惯的一种教育，劳动教育既能帮助大学生树立正确的人生观和价值观，鼓励学生在劳动和奋斗中实现人生价值，也能为国家培养新时代社会主义的建设者和接班人。让大学劳动教育变成学生的"技能开关"，学生在真操实练、真实场景中学习、成长、感悟，切实掌握一门技能。

模块四 遵守劳动之法

了解劳动法、劳动合同法的主要规定；

理解劳动合同与劳务合同的区别。

能理解劳动纪律和行业规范，积累法律知识，提升就业创业能力，树立正确择业观和职业责任感；

能学会劳动安全知识，体会社会主义平等、和谐的新型劳动关系。

加强劳动纪律、劳动法律意识；

懂得安全劳动、实干兴邦的深刻道理；

培养诚实守法、公平正义的职业信仰。

任务一

遵守劳动法规

（1）你知道什么时候应该签订劳动合同吗？请扫码观看视频。

劳动合同应该什么时候签？

（2）初入职场的你，签劳动合同，这些要注意！请扫码阅读相关资料。

初入职场的你，签劳动合同，这些要注意！

（1）为什么要学习劳动法律法规？

（2）在校大学生兼职、社会实践、实习和未来参加工作，应该注意哪些劳动法律规定？

劳动合同与劳务合同一字之差，意义不同

【案例1】小李大学毕业后在一家企业做销售。企业负责人见小李工作很努力而且业绩也不错，于是双方经商定签订了一份合作生产销售协议书，双方在协议中约定，由企业负责产品开发设计、制造，由小李负责以该企业的名义进行销售，企业以出厂价给小李，小李可以在市场上自己定价进行销售，售价越高，小李得到的

利益越多。

小李销售产品价格与出厂价的差价扣除增值税即是小李的收入，由企业发给小李。双方合作销售产品一年多来很愉快，小李的收益很好。但是，去年12月份双方在合作过程中发生了矛盾，相互之间产生不信任，今年2月企业向小李发出通知停止向其供货。于是，小李向劳动仲裁委员会申请劳动仲裁，要求确认与企业具有劳动关系，并且要求企业为其缴纳合作期间的社会保险费等。劳动仲裁委员会经过审理予以受理。

在劳动仲裁委审理过程中，小李认为，自己为企业工作，为企业销售产品，企业每月发给自己工资，双方之间存在劳动关系，企业应该按照国家规定为本人缴纳合作期间的社会保险费。所以，小李要求仲裁委员会确认企业与自己具有劳动关系，并为本人缴纳社会保险费。

企业在答辩时则认为，己方与小李之间签订的是合作生产销售协议，纯粹是经济合作关系，并不存在劳动合同的关系，他既不受企业领导的管理，也不受企业规章制度的约束，他不需要每天按时来上班，完全自由，再说企业每月也不发其工资，产品定价完全由他自己来定，不受企业的制约。小李销售产品的价格与出厂价的差价扣除增值税即是小李的收入，由企业发给小李，所以我们双方之间是经济合作关系，不存在劳动关系，企业没有必要为其缴纳社会保险费，希望仲裁委员会不要支持小李的请求。

【仲裁裁决】劳动仲裁委员会经过开庭审理后认为，小李与企业签订的是经济合作协议，小李既不受企业的领导和管理，也不受企业规章制度的约束；同时，企业每月亦不发其工资，双方当事人之间是经济合作关系，不存在劳动关系。仲裁委员会依法作出裁决，对小李要求确认与企业具有劳动关系并缴纳社会保险费的仲裁请求不予支持。

【分析】本案的争议焦点是当事人双方签订的是合作生产销售协议，小李既不受企业的领导和管理，也不受企业规章制度的约束，企业每月亦不发其工资，双方当事人是否具有劳动关系。根据双方当事人签订的合作生产销售协议中明确约定，企业负责产品的生产制造，小李负责销售，小李销售产品的价格与出厂价的差价扣除增值税即是小李的收入。销售价格完全由小李自行确定，扣除增值税和出厂价，多余的部分全部归小李所有。事实上小李的销售行为根本不受企业的约束，同时从双方签订的合作生产销售协议内容来看，双方之间不具有劳动关系的管理与被管理的特征，况且企业也不发给他工资，小李每月的收入即销售产品价格与出厂价的差价扣除增值税后的多余部分。销售的价格完全由小李自行确定，卖得高小李的收入就高，完全不受企业的支配，小李与企业之间不存在劳动关系。所以小李要求仲裁委员会确认劳动关系并且要求企业为其缴纳社会保险费的请求缺乏法律依据，最后仲裁委员会对小李的请求不予支持。

【案例2】刘某于2011年入职某公司，双方签订劳动合同约定，合同期限自2011年12月至2014年12月，后双方将该合同续签至2019年12月。2018年5月，双方签订《解除劳务聘用关系协议书》，约定双方劳务聘用关系自2018年5月终止，公司欠刘某的劳务费分3笔给付，但到期后该公司未付清劳务费。2019年刘某申请劳动仲裁，劳动仲裁委认为该仲裁请求不属于劳动人事争议仲裁受理范围。刘某遂向法院提起诉讼。法院查明刘某2012年到达法定退休年龄，开始领取退休金。虽然双方签订了劳动合同，但自刘某开始享受基本养老保险待遇之日起，双方的劳动关系就终止了。根据相关法律规定，用人单位与其招用的已经依法享受养老保险待遇或者领取退休金的人员发生用工争议而提起诉讼的，法院应当按劳务关系处理。法院经审理将案由变更为劳务合同纠纷，判决某公司向刘某付清所欠劳务费。

【分析】法官表示，劳动合同和劳务合同虽然只有一字之差，但法律意义大不相同。劳动合同是用人单位与劳动者之间确定劳动关系的用工合同，以劳动者成为用人单位内部员工为目的；劳务合同是提供劳务一方为接受劳务一方提供服务的合同，以提供劳务方的劳动行为作为合同标的。

在权利义务方面，劳动合同的双方主体间不仅存在财产关系，还存在着人身关系，劳动者必须遵守用人单位的规章制度，用人单位负有为劳动者缴纳社会保险等法律责任；劳务合同的双方主体之间只存在财产关系，提供劳务一方无须成为用工单位的成员。

在救济途径方面，当劳动争议出现时，争议一方应先到劳动仲裁委员会申请劳动仲裁，不服仲裁结果并在法定期间内才可到法院起诉；劳务合同纠纷出现后，争议双方可直接向法院起诉。

（一）劳动关系与劳务关系的区别

1. 规范和调整劳动关系与劳务关系在法律依据方面的主要区别

劳动关系由《中华人民共和国劳动法》（以下简称劳动法）规范和调整，而且建立劳动关系必须签订书面劳动合同。劳务关系由《中华人民共和国民法通则》（以下简称民法通则）和《中华人民共和国合同法》（以下简称合同法）进行规范和调整，建立和存在劳务关系的当事人之间是否签订书面劳务合同，由当事人双方协商确定。

2. 劳动关系主体与劳务关系主体的区别

劳动关系中的一方应是符合法定条件的用人单位，另一方只能是自然人，而且必须是符合劳动年龄条件，且具有与履行劳动合同义务相适应的能力的自然人；劳动法第二条规定："中华人民共和国境内的企业、个体经济组织、民办非企业单位等组织（以下称用人单位）和与之形成劳动关系的劳动者，适用本法。国家机关、事业单位、社会团体和与之建立劳动合同关系的劳动者，依照本法执行。"劳务关系的主体类型较多，如可以是两个用人单位，也可以是两个自然人。法律法规对劳务关系主体的要求，不如对劳动关系主体要求得那么严格。

3. 当事人之间在隶属关系方面的区别

处于劳动关系中的用人单位与当事人之间存在着隶属关系是劳动关系的主要特征。隶属关系的含义是指劳动者成为用人单位中的一员，即当事人成为该用人单位的职工或员工（以下统称职工）。因为用人单位的职工与用人单位之间存在劳动关系这是不争的事实。而劳务关系中，不存在一方当事人是另一方当事人的职工这种隶属关系。如某一居民使用一名按小时计酬的家政服务员，家政服务员不可能是该户居民家的职工，与该居民也不可能存在劳动关系。双方当事人之间体现出很大的自主性，提供劳务者也不是用人者的职工。

4. 当事人之间在承担义务方面的区别

劳动关系中的用人单位必须按照法律法规和地方规章等为职工承担社会保险义务，单位职工在从事工作的过程中受到损害时可以进行工伤认定，且用人单位承担其职工的社会保险义务是法律的确定性规范；而劳务关系中的一方当事人不存在必须承担另一方当事人社会保险的义务。如居民不必为其雇用的家政服务员承担缴纳社会保险的义务。对于在提供劳务的过程中受到的损害则根据不同情况区别对待：提供劳务者因工作对第三人构成侵害的，则由接受劳务一方对外承担责任；对于提供劳务者因提供劳务导致自身受到损害的，则根据双方当事人间的过错来承担相应的责任。

5. 用人单位对当事人在管理方面的区别

用人单位具有对劳动者违章违纪进行处理的管理权。如对职工严重违反用人单位劳动纪律和规章制度、严重失职、营私舞弊等行为进行处理，有权依据其依法制定的规章制度解除当事人的劳动合同，或者对当事人给予警告、记过、记过失单、降职等处分；劳务关系中的一方对另一方的处理虽然也有不再使用的权利，或者要求当事人承担一定的经济责任，但不含当事人一方取消当事人另一方本单位职工"身份"这一形式，即不包括对其解除劳动合同或给予其他纪律处分形式。

6. 在支付报酬方面的区别

劳动关系中的用人单位对劳动者具有工资、奖金等方面的分配权利。分配关系通常表现为劳动报酬范畴的工资和奖金，以及由此派生的社会保险关系等。用人单位向劳动者支付的工资应遵循按劳分配、同工同酬的原则，必须遵守当地有关最低工资标准的规定；对于劳动派遣方面也有着明确的规定；而在劳务关系中的一方当事人向另一方支付的报酬完全由双方协商确定，当事人得到的是根据权利义务平等、公平等原则事先约定的报酬，没有最低标准的限制。当事人双方的权利义务都是双方在不违反法律的强制性规定和社会公共利益的前提下自愿协商的结果，体现出很大的自治性。

请回答以下问题：

（1）案件 1 中当事人是　　　　　和　　　　　，因为　　　　　纠纷申请劳动仲裁，　　　　　提起诉讼，诉讼请求是　　　　　　　　　　　　　。

（2）案件 2 中当事人是　　　　　和　　　　　，因为　　　　　纠纷申请劳动仲裁，　　　　　提起诉讼，诉讼请求是　　　　　，最终法院判决结果认定　　　　　　　　　　　　　　　　　　　　　　　　　。

（3）劳动关系与劳务关系的区别是什么？请填在下表。

区分点	劳动关系	劳务关系

（二）如何证明当事人双方存在劳动关系、事实劳动关系？

根据劳动法和劳动合同法的相关规定，建立劳动关系应当订立劳动合同，但在实践中由于各种原因，双方没有订立劳动合同，但事实上形成了劳动力的使用与被使用关系，这种关系就是事实劳动关系。之所以形成事实劳动关系，可能有如下原因：自始至终没有劳动合同；劳动合同到期后既没有办理终止手续，也没有办理续订手续；劳动合同被确认为无效等。

按照国家的相关规定，用人单位招用劳动者未订立书面劳动合同，但同时具备下列情形的，劳动关系成立：①用人单位和劳动者符合法律、法规规定的主体资格。②用人单位依法制定的各项劳动规章制度适用于劳动者，劳动者接受用人单位的劳动管理、从事用人单位安排的有报酬的劳动。③劳动者提供的劳动是用人单位业务的组成部分。

根据劳动部《关于贯彻执行〈中华人民共和国劳动法〉若干问题的意见》第二条规定："中国境内的企业、个体经济组织与劳动者之间，只要形成劳动关系，即劳动者事实上已成为企业、个体经济组织的成员，并为其提供有偿劳动，适用劳动法。"

判断是否存在事实劳动关系可以从以下几个方面考虑：

（1）双方是否存在管理与被管理的关系。

（2）用人单位是否向劳动者支付劳动报酬。

（3）用人单位是否为劳动者提供必要的劳动条件。

劳动和社会保障部《关于确立劳动关系有关事项的通知》：

（1）用人单位招用劳动者未订立书面劳动合同，但同时具备下列情形的，劳动关系成立。

①用人单位和劳动者符合法律、法规规定的主体资格；

②用人单位依法制定的各项劳动规章制度适用于劳动者，劳动者受用人单位的劳动管理，从事用人单位安排的有报酬的劳动；

③劳动者提供的劳动是用人单位业务的组成部分。

（2）用人单位未与劳动者签订劳动合同，认定双方存在劳动关系时可参照下列凭证：

①工资支付凭证或记录（职工工资发放花名册）、缴纳各项社会保险费的记录；

②用人单位向劳动者发放的"工作证""服务证"等能够证明身份的证件；

③劳动者填写的用人单位招工招聘"登记表""报名表"等招用记录；

④考勤记录；

⑤其他劳动者的证言等。

其中，①、③、④项的有关凭证由用人单位负举证责任。

（3）用人单位招用劳动者符合第一条规定的情形的，用人单位应当与劳动者补签劳动合同，劳动合同期限由双方协商确定。协商不一致的，任何一方均可提出终止劳动关系，但对符合签订无固定期限劳动合同条件的劳动者，如果劳动者提出订立无固定期限劳动合同，用人单位应当订立。

用人单位提出终止劳动关系的，应当按照劳动者在本单位工作年限每满一年支付一个月工资的经济补偿金。

（4）建筑施工、矿山企业等用人单位将工程（业务）或经营权发包给不具备用工主体资格的组织或自然人，对该组织或自然人招用的劳动者，由具备用工主体资格的发包方承担用工主体责任。

（5）劳动者与用人单位就是否存在劳动关系引发争议的，可以向有管辖权的劳动争议仲裁委员会申请仲裁。

一旦与公司有纠纷出现时，自己和公司的最新事实劳动关系认定就显得尤为重要了，许多人由于法律知识淡薄，就有可能会让自己的利益受损。所以，只要符合以上的要求就可以被认定为符合事实劳务关系，并凭借这一项来保护自己的权益和利益。在找工作中也要尽量选择签订合同的公司。

子任务一　列一份劳动合同注意事项清单。

劳动合同，亦称劳动契约或劳动协议，是劳动者与用人单位确立劳动关系，明确双方权利与义务的协议。作为一种双方法律行为，劳动合同具有特定的法律属性，主要表现在以下几个方面。

（1）它是诺成性合同。当事人意思表示一致即可成立的合同是诺成性合同。劳动合同只需双方当事人意思表示一致即可成立，法律不要求劳动者提供劳动或用人单位支付劳动报酬作为劳动合同成立的前提。

（2）它是双务合同。合同当事人双方相互享有权利、相互负有义务的合同是双务合同。在劳动合同中，劳动者和用人单位都负有义务，并且各方所负担的义务既是与各自所享有的权利相对应的代价，也是实现对方相应权利的保证。

（3）劳动合同的主体具有特定性，劳动合同的主体一方是劳动者，另一方是用人单位。

（4）它是有偿合同。有偿合同是指双方当事人一方须给予他方相应的权利方能取得自己的利益的合同。

假设你已经被某单位录取，接下来要签订劳动合同，请思考并列举签订劳动合同时应该注意的事项。

（1）关于了解用人单位的情况：

（2）关于劳动者的权利：

（3）双方共同协商内容：

模块四　遵守劳动之法

● 子任务二　了解我的专业对口工作岗位。

开展未来工作岗位的调查，用访谈的形式向毕业的学长了解本专业未来从事的工作类型。

● 子任务三　熟悉常用的劳动法律法规。

梳理劳动法律法规，将劳动法律法规的名称和法律条文列成表格，并附上链接，发在课程群里。

课后拓展

1. 是不是收到用人单位的 Offer Letter（录用通知书）就确定了劳动关系呢？

案例一　Offer Letter 的法律效力

陈小姐是上海一家民营企业的销售经理，经营业绩非常突出，在行业内已有一定的知名度。这家民营企业给她的待遇也不错，但她一直希望能到外企工作，并尝试向同行业一些招聘相关人才的外企递交简历。某日，她接到同行业另外一家外企的录用通知书（Offer Letter），该家外企表示愿意录用其为销售经理，并在录用通知书上明确了她的薪资待遇，并约定 1 个月后正式到本企业来上班，并提出让她先做一个本行业的销售调查报告。陈小姐非常高兴，马上向自己现在所在的企业提出辞职。但是临近约定上班时，这家外企却突然通知她，由于人力资源模式临时调整，她的职位已经被精简掉了，所以她不用来报到上班了。陈小姐接到通知后一下子就傻眼了，原来的工作辞掉了，新的工作又取消了。于是她打电话给这家外企，告知他们自己已经辞掉了原先薪水丰厚的工作，代价巨大，希望他们给个说法或如约提供岗位。这家外企提出，录用通知书只是一个通知，并不是劳动合同本身，她的说法不成立。

【专家分析】企业向员工发放 Offer Letter，其实是一种要约的法律行为，对企业和员工双方进行约束。然而，Offer Letter 本身不是劳动合同，在一般情况下，雇佣双方会另行签订劳动合同。如果两者在条款上产生矛盾，那么劳动合同将取代 Offer Letter 来规范劳动关系当事人。既然 Offer Letter 在员工承诺后，是一份对双方都有约束力的合同，那么企业单方面撤销录用，解除该合同，是否具有法律效力？企业由此应该承担什么样的违约责任？这里的关键在于企业解除的究竟是一份合同还是一段劳动关系。由于 Offer Letter 的本质仅是双方达成聘用意向，在很多情况下，聘用双方会在条款中具体明确员工的录用或入职日期，因此 Offer Letter 虽然成立了，但是在约定的录用日期之前企业与员工的劳动关系还没有形成。那么在此情况下，Offer Letter 的效力受到合同法的调整，企业单方解除合同在法律上被称为违约，但是如果员工证明其因为企业的违约行为遭受损失，那么企业应该对该损失承担赔偿责任。

然而，在某些情况下，企业的违约行为将不仅涉及合同本身，而且还涉及解除劳动关系的问题。如果企业在发送 Offer Letter 后，员工即履行劳动义务，或者员工能够举证劳动关系的各项权利义务已经运行，那么双方实际上就已经形成了劳动关系，本节案例中即是如此。企业的撤销录用就直接成为解除劳动关系的法律行为，其行为应该直接受到劳动合同法的调整。依据劳动合同法相关规定，用人单位解除劳动关系必须严格依据法定的标准，其随意的解除行为会因为员工的诉请而被仲裁委员会或法院撤销。当然，如果员工同意企业的单方解聘行为，那么企业必须按照法定的标准向员工承担违约责任。

【实务指南】用人单位特别是外企在招用员工时，通常会使用 Offer Letter，有时又难免需要取消 Offer Letter。既然 Offer Letter 通常被视为一种要约，那么公司签发的 Offer Letter 一旦被应聘者接受，也就意味着企业开始承担法律风险。

（1）认识 Offer Letter 的法律性质。Offer Letter 在法律英语中的含义是"要约"，根据合同法的规定，"要约"就是希望和他人订立合同的意思表示。要约人一旦作出了承诺，就要受意思表示的约束。因此，Offer Letter 一旦发出，就对用人单位产生法律约束。与此同时，Offer Letter 的生效与否取决于应聘者。应聘者可以选择接受或不接受 Offer Letter。如果应聘者选择接受则就生效，企业就应承担法律责任；否则，Offer Letter 不发生效力，企业自然没有责任可言。

（2）正确制作和签发 Offer Letter。通常情形下，Offer Letter 的格式和内容是用人单位单方决定的。用人单位可以根据自己的需要确定劳动者的岗位、薪酬、福利、培训、发展等方面内容。在具体制作和签发 Offer Letter 的时候，需要注意以下两点。

首先，Offer Letter 应明确应聘者承诺的期限。企业在制作 Offer Letter 时，需要将应聘者回应确认的期限列明。这样做有两个好处：一是有效做好应聘人员的管理，如果拟录用的人员不能按期确认，可以留出重新选人的时间；二是有效防范潜在的法律风险，只要拟录用者不能按期确认，公司取消此职位或另换新人并无法律风险。

其次，Offer Letter 应约定合意达成后的违约责任。由于各种可能的原因存在，Offer Letter 即便达成合意，双方中的一方也有可能违约。此种情形下，最好是事先约定违约责任，这样一是有利于以后的争议解决，二是有利于双方预估违约后的责任承担。当然，即便双方没有约定违约金，也不会影响一方按照实际损失额向相对方请求赔偿。

2. 确定劳动关系之后，用人单位应该何时与劳动者签订劳动合同？

案例二　不订立书面劳动合同的法律风险

2017 年 8 月，某高校应届大学毕业生李某应聘到江苏苏州某 IT 制造业外企工作。其实来到苏州这家外企，李某一直不是很情愿，在学校"先就业、后择业"就业政策的驱使下，考虑到苏州离自己老家上海比较近，最后在离校前夕与苏州的这家外企签了协议。李某一直希望能在老家上海找份工作，所以在苏州这家外企工作并不积极。2017 年 8 月底，该家外企人事主管张经理找到李某，希望与其签订书面劳动合同。李某表示，家里对他的工作不满意，目前他正与家里积极协商沟通，等有了结果以后再主动与公司签劳动合同。

张经理年前刚刚接受过劳动合同法培训，了解到企业在一个月内不与员工签订书面劳动合同，从第二个月起就要为这个员工支付双倍工资。张经理比较担心这种不利的法律后果由企业来承担，于是他找到李某，要求其出具一张因自己个人原因不愿意签订书面劳动合同的证明。

【专家分析】大多数企业至今仍有一个错误的认识，认为签订劳动合同就是将自己套牢，没有合同就与职工没有劳动关系，就可以规避劳动法自由录用和辞退职工。而实际上，劳动法上所说的劳动关系是指用人单位与劳动者之间因雇佣劳动而产生的权利义务关系。而劳动合同只是这种劳动关系的书面约定。没有书面合同并不意味着劳动关系无法证明，没有书面合同同样可以形成劳动关系，即事实劳动关系，劳动者只要凭工资单等相关证据和证人证言等就可以证明劳动关系的存在。《劳动合同法》背景下，企业不与员工签订书面劳动合同的，一个月内法律予以宽容，但超过一个月仍不与员工签订书面劳动合同的，从第二个月开始起就应当承担向员工按月支付双倍工资的罚则。

【实务指南】劳动合同法实施以后，之前企业很多的错误观念和认识亟须转变。比如说，很多企业认为，临时工不需要签订书面劳动合同，试用期不用签订书面劳动合同，等等。事实上，依据劳动合同法的规定，只要企业与劳动者建立劳动关系，就应当及时签订劳动合同。否则，迟延或未与劳动者及时签订劳动合同的，将面临法律上的严格责任。

（1）及时与劳动者签订书面劳动合同。即使是从企业的角度来看，及时与劳动者签订书面劳动合同也是利大于弊。企业不与员工签订书面劳动合同，除了要承担劳动合同法上明确规定的双倍工资责任外，在预防员工解除劳动合同及有效控制用工成本上同样陷于被动。按照劳动法法理，劳动者可以随时终止事实劳动关系，而如果是劳资双方存在劳动合同，则劳动者必须提前30天通知用人单位才可以解除劳动合同。另外，终止事实劳动关系，无论是何种原因，也无论是何方终止，均需要按照劳动者工作年限支付经济补偿金。而对于存在劳动合同的劳动关系而言，合同到期如果是员工主动不续签而终止，则企业不需要支付经济补偿金。

（2）员工本人不愿意签订合同的应对方式。很多时候，并非企业的原因导致劳动合同不能签订。比如在以上案例中，劳动者主动选择不签订劳动合同，这种情形也相当多。特别是在劳动合同法正式实施之前的一段时间，在很多企业甚至是劳动者联合起来抵制,不签订书面劳动合同，以求得新法实施以后法律对用人单位的惩罚。至于部分员工不签订书面劳动合同的风险，可以通过以下几种方式进行缓解：一是在员工入职的时候，明确要求员工同时签订书面劳动合同，不签订书面劳动合同的不予录用。这主要是从源头上预防后期争议发生。从合理性上讲，在招聘面试等环节中，应聘者已基本了解企业的基本情况以及相对详细的劳动待遇，此时签订劳动合同也是比较科学的。即使发生双方虚假陈述导致合同订立的，也可以通过行使法定解除权予以解除。二是在入职须知中明确，入职后一个月内无特殊理由不签订书面劳动合同的，视为不符合录用条件。由于种种客观原因，不是所有的应聘者都能在录用时签订劳动合同，特别是需要办理相关认证审核等前置性程序时，劳动合同可能确实需要延后签订。但是，企业可以在入职须知中特别明确一个月内必须签订书面劳动合同，否则视为试用期不符合录用条件，企业可以解除劳动合同。三是确实出现在一个月内因员工自身原因不能签订书面劳动合同的，企业可以在获得员工自身原因不签的相关证据后，依法终止劳动关系，但此时需要支付经济补偿金。

任务二

遵守劳动纪律

（1）请扫码观看科普动漫安全小知识：施工时务必要遵守操作纪律。

施工时务必要遵守操作纪律

（2）你知道演出行业的规范吗？请扫描二维码，观看"规范演出市场秩序，引导行业规范发展"。

规范演出市场秩序　引导行业规范发展

新入职的员工为什么需要尽早了解用人单位的劳动纪律和行业规范？

劳动纪律主要包括以下内容：

（1）严格履行劳动合同及违约应承担的责任（履约纪律）。

（2）按规定的时间、地点到达工作岗位，按要求请休事假、病假、年休假、探亲假等（考勤纪律）。

（3）根据生产、工作岗位职责及规则，按质、按量完成工作任务（生产、工作纪律）。

（4）严格遵守技术操作规程和安全卫生规程（安全卫生纪律）。

（5）节约原材料、爱护用人单位的财产和物品（日常工作生活纪律）。

（6）保守用人单位的商业秘密和技术秘密（保密纪律）。

（7）遵纪奖励与违纪惩罚规则（奖惩制度）。

（8）与劳动、工作紧密相关的规章制度及其他规则（其他纪律）。

法律依据：《中华人民共和国劳动法》第四条　用人单位应当依法建立和完善规章制度，保障劳动者享有劳动权利和履行劳动义务。

员工违反劳动纪律是否可以解除劳动合同？

范某于 2006 年 6 月 23 日入职某汽配公司，任公司保洁职务，双方签订有无固定期限劳动合同。范某于 2015 年 12 月 28 日在该汽配公司二楼女厕内向正在如厕的人事行政部经理的头部及身体上泼洒污水，并与该经理发生了肢体冲突。经过调查核实，某汽配公司于 2016 年 1 月 5 日向范某送达了《解除劳动合同证明》，以其严重违反劳动纪律为由与其解除了劳动合同。范某向仲裁委提出仲裁申请，要求汽配公司支付违法解除劳动合同赔偿金。

仲裁委审理后认为，范某在工作期间向人事行政部经理泼洒污水，已经对人事行政部经理构成侮辱，属于严重违纪行为，虽然汽配公司未能提交相关规章制度，但范某的违纪行为情节严重，故裁决驳回了范某要求汽配公司支付违法解除劳动关系赔偿金的请求。

劳动纪律和职业道德须遵守，严重违反可解除。

劳动法第三条第二款中规定，劳动者应当遵守劳动纪律和职业道德。劳动法第二十五条中规定，劳动者严重违反劳动纪律或者用人单位规章制度的，用人单位可以解除劳动合同。因此，遵守劳动纪律和职业道德是对劳动者最基本的要求，即便在用人单位规章制度未作出明确规定，劳动合同中亦未明确约定的情况下，劳动者严重违反劳动纪律或职业道德的，用人单位仍可依据劳动法的相关规定行使解除权。

实践中，用人单位应当尽可能依法建立和完善规章制度，保障劳动者享有劳动权利和履行劳动义务。同时，劳动者亦应遵守基本的劳动纪律和职业道德，不能以规章制度未规定为由规避用人单位合理合法的管理行为。

 劳动教育

（1）用人单位解除与范某的劳动合同，主要理由是＿＿＿＿＿＿＿＿＿，法律依据是＿＿＿＿＿＿＿＿＿＿＿＿＿。

（2）认定劳动者严重违反劳动纪律包括：

①规章制度的内容必须符合＿＿＿＿＿＿＿＿＿，而且是通过民主程序公之于众。

②劳动者的行为客观存在，并且属于"＿＿＿＿＿＿＿"违反用人单位的规章制度。何为"严重"，一般应根据劳动法规所规定的限度和用人单位内部的规章制度依此限度所规定的具体界限为准。如违反操作规程，损坏生产、经营设备造成经济损失的，不服从用人单位正常工作调动，不服从用人单位的劳动人事管理，无理取闹，打架斗殴，散布谣言损害企业声誉等，给用人单位的正常生产经营秩序和管理秩序带来损害。

③用人单位对劳动者的处理是按照本单位规章制度规定的程序办理的，并符合相关法律法规规定。

（3）请用流程图表示解除范某劳动合同的程序。

身体力行

○子任务一　了解用人单位的劳动纪律。

（1）请阅读以下劳动纪律，并回答下列问题。

①劳动纪律制定的目的是什么？

②劳动纪律规定的内容主要涉及哪些方面？

③从以下劳动纪律规定中，你觉得应当注意什么？

一、严格遵守作息时间，按时上下班，不迟到，不早退，不旷工。

二、工作时间不准脱离岗位，有事需要离岗时，须经本部门主任（厂长）批准。

三、工作时间不准打瞌睡，做私活，办个人事，要利用有效时间，超额完成任务。

四、工作时间不准无理取闹，打架斗殴，妨碍他人的生产和工作。

五、工作时间和上班前，不准喝酒，如发现酒后上班，主管厂长（主任）有权停止其工作，并停发工资。

六、工作时间必须听从指挥，服从分配，出色完成本职工作。

七、要看护好工具、机器设备设施，节约原材料和能源。

八、要遵守安全操作规程，严格执行公司各项规章制度。

九、要注意防火防爆，到指定地点吸烟，不准携带危险品进入厂内。

十、要团结协作，搞好文明生产，讲究礼貌，遵守公共道德。

×××有限分司

（2）请收集你们专业未来从事工作岗位的劳动纪律。

劳动教育

> **子任务二　了解未来从事行业的行业规范。**

请上网搜集相关行业规范，试拟一份本专业未来从事行业的行业规范。

_____
_____
_____
_____
_____
_____

课后拓展

遵守规范情况自查

（1）履约纪律能力：严格履行劳动合同及违约应承担的责任。（　　）

（2）遵守考勤纪律：按规定的时间、地点到达工作岗位，按要求请休事假、病假、年休假、探亲假等。（　　）

（3）服从生产、工作纪律：根据生产、工作岗位职责及规则，按质、按量完成工作任务。（　　）

（4）遵守安全卫生纪律：严格遵守技术操作规程和安全卫生规程。（　　）

（5）日常工作生活纪律：节约原材料、爱护用人单位的财产和物品。（　　）

（6）坚守保密纪律：保守用人单位的商业秘密和技术秘密。（　　）

（7）接受奖惩制度：遵纪奖励与违纪惩罚规则。（　　）

任务三

关注劳动安全

（1）请扫码观看《中华人民共和国安全生产法》：万无一失 一失万无，并谈谈你对安全生产法的认识。

《中华人民共和国安全生产法》：万无一失 一失万无

（2）请扫码学习新《安全生产法》（共十集）。

新《安全生产法》

工作中，劳动安全为什么重要？

安全是人类生存与发展的最基本要求，是生命与健康的基本保障。安全生产是保护劳动者安全健康、保证国民经济持续发展的基本条件。劳动安全，又称职业安全，是劳动者享有的在职业劳动中人身安全获得保障、免受职业伤害的权利。具体而言，劳动安全是指在劳动场所中无急性伤害事故发生，即无急性中毒、触电、机械外伤、车祸、坠落、塌陷、爆炸、火灾等危险及劳动者人身安全的事故发生。我国经济高速增长，取得了令世人瞩目的成就。但是，在经济快速增长的背后却付出了巨大的社会成本，如生态环境恶化、自然资源枯竭等，其中也包括越来越严重的劳动安全问题。伴随着经济发展而频繁发生的安全生产事故，不仅造成了国家财产和公民生命的巨大损失，严重制约了我国经济的平稳发展，而且还与我国当前构建和谐社会的目标相悖。如果社会的经济发展是以生命为代价的，那么这样的发展显然和"以人为本"的科学发展观背道而驰，所谓的可持续发展也就失去了原来的意义。

劳动教育

案例一　安全生产主体责任不落实导致危险化学品火灾事故发生

【事实】2015年10月18日，某石化设备有限公司的二期120万吨/年石脑油综合利用项目催化重整联合装置加热炉炉管蠕胀破裂造成管内原料石脑油、氢气泄漏，导致火灾事故，未造成人员伤亡，直接经济损失约311万元。经事故调查组调查发现，事故起因是操作工违规操作引起炉管管道短期过热致使炉管破裂。事故调查组认定，该事故是一起一般生产安全责任事故，某石化设备有限公司安全生产主体责任不落实，对事故发生负有责任。公司主要负责人未履行法定安全生产管理职责，导致发生生产安全事故。

【点评】本案涉案事故是一起典型的由于生产经营单位主体责任不落实导致的生产安全事故。根据法律规定，生产经营单位是安全生产工作的责任主体，必须落实安全生产责任制，制定并落实安全管理制度和操作规程，排查治理事故隐患，保证安全生产资金投入，对员工进行教育培训。该公司安全生产主体责任不落实，具体表现：隐患排查工作不落实，安全操作规程和安全管理制度落实不到位，安全培训不到位，对事故发生负有责任；主要负责人未履行法定安全生产管理职责，导致发生生产安全事故。

案例二　未对被派遣劳动者进行安全教育和培训

【事实】2015年5月，安监局接到该区某公司员工举报，反映该公司未对被派遣劳动者进行培训即安排上岗作业，导致该公司一名派遣员工在冲压车间生产过程中受伤。区安监局接到举报后立即对公司进行执法检查，通过现场检查和调查询问，发现该公司存在未对被派遣劳动者进行岗位安全操作规程和安全操作技能的教育和培训的违法行为。

【点评】加强对被派遣劳动者的教育和培训，是实现生产安全的重要保证。许多生产经营单位为了减轻劳动力成本，规避责任，大量使用被派遣劳动者，又不负责相应的安全生产教育和培训，致使被派遣劳动者不了解、不熟悉所从事生产经营活动的安全生产规章制度、操作规程和标准，违章指挥、违章作业、违章操作，最终导致生产安全事故发生。因此，《安全生产法》第二十五条第二款规定，生产经营单位使用被派遣劳动者的，应当将被派遣劳动者纳入本单位从业人员统一管理，对将被派遣劳动者进行岗位安全操作规程和安全操作技能的教育和培训。

案例三　未经安全监管部门审查同意擅自恢复生产经营

【事实】2014年8月，安监局执法检查时发现，某公司拉丝抛光车间存在涉及安全生产方面的违法违规行为和事故隐患，立即发出《现场处理措施决定书》，要求该公司拉丝抛光车间暂时停产，开展安全生产检查，限期整改事故隐患。12月，根据该公司提交的整改报告，安监局对该公司拉丝抛光车间进行现场复查时，发现车间仍然有工人在进行生产活动。

【点评】本案中该公司未能履行《现场处理措施决定书》，未完成排查整治事故隐患，未提交恢复生产的书面申请，未经安全监管监察部门审查同意，擅自恢复该车间的生产经营活动。根据《安全生产事故隐患排查治理暂行规定》，安全监管监察部门责令全部或者局部停产停业治理的重大事故隐患，经治理后符合安全生产条件的，生产经营单位应当向安全监管监察部门和有关部门提出恢复生产的书面申请，经安全监管监察部门和有关部门审查同意后，方可恢复生产经营。

案例四　未依法组织应急救援演练

【事实】2015年5月，斗门区安监局执法检查时发现某公司未定期组织本单位开展应急救援演练。

【点评】应急管理是生产经营单位安全生产管理工作的重要内容。根据《安全生产法》第七十八条规定，生产经营单位应当制定本单位生产安全事故应急救援预案，与所在地县级以上人民政府组织制定的生产安全事故应急救援预案相衔接，并定期组织演练。开展应急救援演练是提高应急能力，检验生产安全事故应急救援预案有效性的重要途径。生产经营单位应当定期开展应急救援演练，及时修订应急预案，切实增强应急预案的有效性、针对性和操作性。通过应急救援演练，让每个可能涉及的相关部门、从业人员熟知事故发生后应如何进行现场抢救、如何联络人员、如何避灾及采取何种技术措施，提高广大从业人员的应急处置能力。一旦发生生产安全事故，将起到有效防止事故扩大，最大程度减少人员伤亡损失的作用。

 劳动教育

（1）梳理案件重点，并填写下表。

案件序号	案件事实	法律依据	点评归纳
1			
2			
3			
4			

（2）结合以上案件，归纳总结工作中安全生产应注意的内容。

▶ **子任务一** 请上网搜索物流行业相关安全生产操作规程，归纳总结物流行业在安全生产方面的主要内容？

模块四　遵守劳动之法

● **子任务二**　学习相关材料，结合以下安全劳动的标语，讨论如何提高安全生产意识。

● **子任务三**　了解所学专业对应的工作岗位，制作劳动安全的宣传知识板报。

请扫码阅读《中华人民共和国安全生产法》
（2021修订版）

《中华人民共和国安全生产法》

模块小结

在校大学生兼职、社会实践、实习和未来参加工作都必须遵守我国劳动法律制度。劳动法调整的对象是劳动关系，主要是指劳动者与用人单位之间存在的以劳动给付为目的，适用劳动法规范和调整的劳动权利义务关系。处理劳动法律中的问题首先需要确定是否存在劳动法律关系，特别要学会区分劳动合同与劳务合同，同时要理解事实劳动关系也受劳动法调整，但要学会举证证明事实劳动关系，并理解劳动合同注意事项。

安全生产是保护劳动者安全健康、保证国民经济持续发展的基本条件。劳动安全，又称职业安全，是劳动者享有的在职业劳动中人身安全获得保障、免受职业伤害的权利。大学生要重视劳动安全，遵守安全生产法，避免安全事故发生。

模块五 遵循劳动之道

 **学习目标**

　　理解劳动精神、劳模精神、工匠精神的内涵,体会劳动与健康、技艺、生活、精神之间的紧密联系,感悟劳动中蕴藏着的博大精深的道理。

学习劳动精神、劳模精神、工匠精神的内涵，树立正确的劳动价值观和职业道德观，培育和践行社会主义核心价值观。

通过劳动实践历练本领，学习成为自食其力的劳动者，更要努力成为优秀的劳动者，甚至成为广大劳动者群体中的佼佼者和大家学习的榜样。

通过劳动实践深刻理解劳动精神、劳模精神、工匠精神，树立正确的劳动价值观和职业道德观。

任务一

劳动与生活

什么是劳动之道？

1. 劳动丰富教育

陶行知是中国伟大的人民教育家，其一生都在为改造中国教育、服务人民大众而不断奋斗，并且留下了大量的著述。陶行知有着深厚的教育理论体系与丰富的教育实践活动，其教育理论体系与教育实践活动是相辅相成的，而不是互相割裂的。20世纪20年代至40年代，陶行知的具体教育实践活动主要是创办晓庄学校（乡村师范学校）、山海工学团、育才学校等。在此基础上，他构建了自己的生活教育理论体系。他的生活教育理论源于教育实践，同时也指导着教育实践，正如他将王阳明的知行观转换成行知观，说："行是知之始，知是行之成。"

陶行知生活教育理论的核心内容为"生活即教育，社会即学校，教学做合一"，强调在做中教、在做中学，教学做三位一体。纵观陶行知生活教育理论，不难发现，劳动教育思想在某种程度上是其生活教育理论的基石与核心。劳动教育是现代教育目标的五大方面之一，是人的全面发展的必然要求。深入分析陶行知的劳动教育思想，挖掘其内涵与特点，有助于我们加深对其生活教育理论的理解，同时对于当前中小学开展劳动教育具有重要借鉴意义。

"手脑并用"是陶行知生活教育理论的具体目标之一，也是其劳动教育思想的目的。陶行知曾说："劳动教育的目的，在谋手脑相长，以增进自立之能力，获得事物之真知及了解劳动者之甘苦。"要想达到这样一种目的，则"非师生共同用手做事不可"。而当时中国的教育方式是教育与生产劳动、社会活动相脱节，"教用脑的人不用手，不教用手的人用脑，所以一无所能"，将中国的教育导向了歧路。因而，陶行知将教育与生产劳动、社会生活密切联系起来，以彻底改造这种教育，从而培养造就手脑并用的一代新人。

"人生两个宝，双手与大脑。用脑不用手，快要被打倒。用手不用脑，饭也吃不饱。

手脑都会用,才算是开天辟地的大好佬"。陶行知的《手脑相长歌》十分形象且深刻地阐述了教育与生产劳动、社会活动相结合的伟大意义。

2. 劳动美化生活

一片郁郁葱葱的树林、一间窗明几净的教室、一桌香气扑鼻的饭菜、一个温馨的家……生活中有太多令人向往的场景都离不开辛勤的劳动。因此,幸福不会从天降,美好生活靠劳动创造。我们来看几位感动中国人物用双手创造美好生活的故事。

见证国家脱贫奇迹的陈贝儿

2021年,由香港媒体人拍摄的纪录片《无穷之路》"破圈"。主创陈贝儿深入热带雨林、戈壁沙滩,跨越6省10地记录下脱贫地区的真实面貌。再次回想这条"无穷之路"时,陈贝儿哽咽道,"我碰到了很多很了不起的人,……也许他们可能就是一个老村民,一个扶贫的书记,他们碰到困难时的那种坚持,跟他们对于生存下去的那种生命力是非常非常强的"。

事实上,早在《无穷之路》之前,陈贝儿已经破圈,她关注的目光更多聚焦在社会现实层面。她寻找远嫁世界各地的港女,了解她们的生活现状和婚姻观。这才有了纪录片《嫁到这世界边端》;她还关注香港的残障儿童,《用爱站起来》就是她发出的深切呼唤。在一个以娱乐文化为主导的市场下,将镜头对准女性,关注残疾儿童,关注扶贫,这份担当与勇气,美得不同凡响。

陈贝儿颁奖辞:从霓虹灯的丛林中转身,让双脚沾满泥土。从雨林到沙漠,借溜索穿过偏见,用钢梯超越了怀疑。一条无穷之路,向世界传递同胞的笑容,你记录这时代最美的风景。

"没脚走出致富路,无手绣出幸福花"的张顺东、李国秀夫妇

张顺东、李国秀夫妻,两人加起来只有一只手,两条腿,但他们用残缺的身体书写着世间坚韧的模样,他们凭借辛勤的劳作将儿女养大成材;他们用坚强的意志甩掉了贫困帽子,创造了属于自己的幸福生活。

张顺东6岁放羊时被高压电击伤,失去了右手,双脚重伤。19岁那年,他认识了邻村姑娘,先天没有双臂的李国秀,二人组成家庭后,在困苦中相互扶持。每天天不亮,大多数人还在睡梦中时,张顺东、李国秀就开始忙碌了,种庄稼、养殖和绣花,他们成为村里最早一批脱贫户。在生活最困难的时候,正在读书的女儿回家,决定辍学打工补贴家用。夫妇二人深知知识改变命运,说什么也不让孩子放弃学业,

女儿也没有辜负他们的期盼，通过自己的努力成为村里少有的大学生。

张顺东、李国秀命运的不公没有让他们怨天尤人，而是相濡以沫互为彼此"手足"，以常人难以想象的毅力克服了重重困难，把日子过得红红火火。

他们说："生活不是等出来的，是干出来的，夫妻同心，黄土才能变成金。"

3. 劳动益寿健康

三国时期医学家华佗认为："人体欲得劳动，但不当使极耳。动摇则谷气得消，血脉流通，病不得生。譬如户枢，终不朽也。"

劳动有益健康的原因如下几点。

一是经常从事一些体力劳动可以防止衰老。随着时间的流逝和年龄的增长，人的皮肤、骨骼、器官会发生老化，而老化的速度和程度与人的劳动有着密切的关系。经常劳动的人，有一定的运动量，肌肉对氧气和营养物质的需求量加大，起到减缓肌肉生理性萎缩的作用，并能有效防止关节僵直及骨骼脆弱而易断等衰老现象。

二是劳动可以锻炼人的筋骨，使五脏气血旺盛，肌肉结实、发达，关节灵活，血脉畅通，动作敏捷，反应迅速。体力劳动有运动形体，流畅气血，活动筋骨，调节精神的作用。经常参加体力劳动，可使冠状动脉血流量增加，改善心肌营养和新陈代谢，使肌肉弹性和张力增强，变得坚韧有力。

三是劳动可以促进血液循环，维持心、脑和循环系统的功能处于良好的新陈代谢水平。

四是劳动可以使人保持良好的心态。在生产劳动过程中，虽然要付出心血和汗水，但是这个过程中人体会产生内啡肽，它的一个别称就叫"快乐激素"。这是一种奇妙的物质，让人们可以感到快乐，创造力勃发。

请扫描观看：福建 101 岁老奶奶劈柴做饭　粗茶淡饭爱劳动就是长寿秘诀。

福建 101 岁老奶奶劈柴做饭　粗茶淡饭爱劳动就是长寿秘诀

 劳动教育

通过福建 101 岁老奶奶的日常生活事例,请思考劳动对生活会产生什么影响?

用你的实际行动加入劳动吧,你身边的劳动都有哪些?

▶ 子任务一　我的五一劳动节

五一劳动节最早来源于 1886 年美国芝加哥工人罢工运动,以工人胜利告终,在 1889 年时,恩格斯在社会主义集会上提出将美国工人罢工的 5 月 1 日设立为五一劳动节,庆祝无产阶级的胜利。五一劳动节,标志着人类文明民主的历史性进步。

中国人民庆祝劳动节活动从 1918 年开始,新中国成立后,1949 年政务院将 5 月 1 日定为法定劳动节。这不仅是农民劳动者节日,也是工人、军人、科技人员、政府公务人员等全国劳动者共同的节日!人们换上节日的盛装,兴高采烈地聚集在公园、剧院、广场,参加各种庆祝集会或文体娱乐活动,并对有突出贡献的劳动者

进行表彰。

请同学们结合自己的专业、学习和生活,设计一个适合自己的、有意义的五一劳动节。

"我的五一劳动节"

活动主题:

活动方案:

劳动体验:

劳动掠影:

子任务二 共享单车你停好了吗？

你见过这样的场景吗？大量的共享单车停放时杂乱无章，占用盲道、人行道，给路过行人带来不便，同时也存在不小的安全隐患。共享单车以环保、便捷的特点，帮助市民解决了出行"最后一公里"的烦恼，受到大家的青睐。但随之而来的违规停放、车辆无序堆积等现象，也成了困扰城市治理的一个"难题"。

请你策划一次志愿活动，在杂乱无序的小区门口、市场周边开展志愿活动，设计并发放"倡议书"，招募3~5名志愿者共同摆放自行车，拍下你们的劳动成果，并记录劳动体验。

活动记录

活动主题：

招募志愿者要求：

劳动体验：

劳动掠影：

▶ **子任务三　粒粒皆辛苦　劳动来体会**

深入乡村田间地头学做农活，锄地、除草、浇水、拾稻穗、搓玉米、识五谷等，在汗水和劳累中体验劳动的艰辛，尊重农民劳动，了解农民生活及收入情况，树立节粮、爱粮、惜粮的意识。

任务记录

劳动地点：

劳动内容：

劳动收获：

劳动掠影：

 劳动教育

请观看大型电视政论片《劳动铸就中国梦》。

该片围绕"劳动托起中国梦"的主题，以多种艺术手法，深入阐释"劳动是人类的本质活动，劳动光荣、创造伟大是人类文明进步规律"的深刻道理。全景式展示全国各族人民投身改革开放和社会主义现代化建设的生动实践，鲜活讲述大量劳动者焕发劳动热情、释放创业创新潜能，改变国家命运、民族命运、人生命运，铸就中国梦的感人故事。在全社会大力弘扬劳模精神，弘扬劳动精神，弘扬我国工人阶级和广大劳动群众的伟大品格，树立辛勤劳动、诚实劳动、创造性劳动的理念，传递"劳动最光荣、劳动最崇高、劳动最伟大、劳动最美丽"的强大正能量。

任务二

劳动与技艺

 课前认知

  我国传统民间技艺是中国民间传承下来的工艺，如剪纸是中国民间传统装饰艺术之一，有着悠久的历史。因其材料易得、成本低廉、效果立见、适应面广、样式千姿百态、形象生动而受欢迎。全国各地都能见到剪纸，甚至形成了不同地方的风格流派。剪纸不仅表现了群众的审美爱好，也是中国最具特色的民艺之一，其造型特点尤其值得研究。民间剪纸作为中国本源哲学的体现，在表现形式上有着全面、美化、吉祥的特征，同时民间剪纸用自己特定的表现语言，传达出传统文化的内涵和本质。

口袋里的展览

  走进首都博物馆，映入眼帘的是精美绝伦的古代瓷器艺术精品、燕地青铜艺术精品、古代玉器艺术精品的展览。这些传统技艺有着悠久文化历史背景，每一门技艺都烙着劳动人民智慧的印记。

首都博物馆——精品典藏

了解学徒制的前世与今生

职业教育与学徒制自古以来就有十分密切的联系。人类社会自从有了劳动分工就有了各种各样劳动的技能传授活动，《考工记》《齐民要术》《营造法式》《天工开物》等不同时期的史料典籍中都记载了我国古代在农业、手工业等各方面精湛的技术技艺，同时也蕴含了"工师授徒""实践授受""教学相长"等丰富的古代职业教育思想。随着我国经济社会发展进入到新时代，人工智能、数字经济驱动经济转型和产业结构调整，需要职业教育不断提高适应性，培养大批适应新技术、新业态、新模式的高素质技术技能人才，全社会共同探索构建中国特色的学徒制模式，为国家大力培养高素质技术技能人才。

1. 民间学徒制

从原始社会到奴隶制社会再到封建社会的数千年间，"学徒制"一直是我国传统生产与技艺传承的主要形式。在原始社会年轻人就是在有经验的长者的带领下学习狩猎、耕种等劳动生存技能，这可以称为"学徒制"的原始状态。在封建社会统治者通过建立严格且封闭式的学徒制度对技艺传承方式进行制度化。

2. 官营学徒制

官营学徒制是随着官营手工业作坊的建立和发展而形成的，在唐代各种官营手工作坊的学徒制已经比较完善，唐朝还设立了"少府监"与"将作监"以专门控制生产及技艺传承，并规定学徒传习技艺的标准与规范。在两宋时期"法式授徒法"将艺徒训练推向了标准化。在手工业极为发达的明清时期，学徒制十分盛行还出现了专门的工艺书籍，成为技艺传承的"秘籍"。

3. 行会学徒制

同西方国家类似，为了控制竞争，行会学徒制随着行会的建立而形成，中国的行会产生于唐代，由于时代、地区和行业不同，行会的组织名称也各异，到了清朝行会组织空前发展，从1655年到1911年，各地手工业行会、商业公所、商帮会馆总计598个；晚清时期出现了专门的职业教育机构，清末民初中国近代职业研究之父民国职业教育家何清儒先生指出练习生制度，最终发展成为中国特色的练习生制人才培养模式。

4. 鸦片战争时期的"学徒制"

鸦片战争以前的"学徒制"仅仅是一种"非制度化"和"非规范化"的技艺传承方式，鸦片战争以后，特别是清朝末年与民国初年出现的各种"实业学校"就是对制度化学徒制的实践。"洋务运动"期间，福州船政学堂就开始采用学徒制进行技术工人培训，并形成了准制度化的人才培养模式，也开启了现代职业教育的先河，我国从此走上了一条以职业学校为主要形式的职业教育发展之路。

5. 民国时期的"工厂师徒制"

民国初年形成了"工厂师徒制"，学徒们"一边参加劳动生产、一边学习技能技术"，直到新中国成立初期练习生制度作为一种新兴工商业的人才培养制度在这段时期内得到了延续。

6. 新中国成立后学徒培训

新中国成立以后，我国对学徒制进行了全面改造，去除学徒制的剥削，保障学徒的基本权利，将"学徒制"改为"学徒培训"，并规定：学徒应为16周岁以上，学徒期限原则为三年，不得少于2年。1981年5月国家劳动总局颁布了《关于加强和改进学徒培训工作的意见》，学徒要求初中以上文化水平，学制一般为3年，签订师徒合同，实施包教包会。

7. 改革开放之后的职业学校

20世纪80年代末至90年代初，中国开始了新一轮类似西方现代学徒制的"工学结合"职教教育改革，以"产教融合、工学结合"作为改革的目的和内容，"校企结合"作为改革的运作机制，"半工半读、工学交替"是具体开展"工学结合"的主要形式之一。以学校为主导的职业技术人才培养模式开始盛行，兴办了很多职业学校取代了传统"学徒制"，学生通过半工半读的方式传习技术，在工厂跟随师傅学习技能，在学校学习相关理论知识，将职工技能培训与学校教育相结合，为国有企业提供了大量的技术工人。

8. 新时代的现代学徒制

2014年，国家发布《国务院关于加快发展现代职业教育的决定》和《关于开展现代学徒制试点工作的意见》，提出现代学徒制试点工作的内涵和总体要求。自2015年至2018年，教育部按地市政府、行业、企业、职业院校四种类型，全国范围内分三批布局了558个现代学徒制试点，其中地市政府试点20家，行业试点18家，

企业试点17家，职业院校试点503家，并完成验收。试点工作以习近平新时代中国特色社会主义思想为指导，以促进就业和适应产业发展需求为导向，通过系统设计、整体推进，创新构建了"双元育人、双重身份；工学交替、交互训教；岗位培养、在岗成才"的中国特色现代学徒制基本内涵，建立了国家分层级、多主体的组织管理体系，有效形成了一批"政府出政策、行业出标准、企业出做法、学校出模式"的典型经验和具体做法。2019年5月，教育部正式发布了《关于全面推进现代学徒制工作的通知》，要求各地要加大政策保障和投入力度，总结现代学徒制试点成功经验和典型案例，在国家重大战略和区域支柱产业等地区开设相关专业，全面推广政府引导、行业参与、社会支持、企业和职业学校双主体育人的中国特色现代学徒制。

9. 企业新型学徒制

2015年至2017年，人力资源和社会保障部先后在22个省共计158家企业开展企业新型学徒试点工作。2018年10月，人社部、财政部联合印发《关于全面推行企业新型学徒制的意见》，进一步完善了相关制度与投入补贴机制，并明确提出了中长期发展目标，"到2020年底，力争培训50万以上企业新型学徒，努力形成政府激励推动、企业加大投入、培训机构积极参与、劳动者踊跃参加的职业技能培训新格局"。据人力资源和社会保障部数据显示，2019年至2020年，全国已累计培养企业新型学徒超80万人。2021年6月，人社部等五部委发布《关于全面推行中国特色企业新型学徒制 加强技能人才培养的指导意见》，全面推行以"招工即招生、入企即入校、企校双师联合培养"为主要内容的中国特色企业新型学徒制。

10. 探索并推进中国特色学徒制

"探索中国特色学徒制"是新发展阶段建设高质量职业技术教育体系的重要任务，直面新时代下职业技术教育发展中的新情况、解决新问题，对中国职业教育的改革发展具有特殊的重要性。党的十九届五中全会通过的《中共中央关于制定国民经济和社会发展第十四个五年规划和二〇三五年远景目标的建议》提出，建设高质量教育体系，要求加大人力资本投入，增强职业技术教育适应性，深化职普融通、产教融合、校企合作，探索中国特色学徒制，大力培养技术技能人才。中共中央 国务院印发《深化新时代教育评价改革总体方案》提出，探索具有中国特色的高层次学徒制，完善与职业教育发展相适应的学位授予标准和评价机制。在探索阶段，全国各省、各校、各企业深入开展产教融合、校企合作，形成了各具特色的典型做法。"探索中国特色学徒制"其本质特征是全面贯彻落实新发展理念，在政府引导下，校企双主体育训结合,切实增强职业技术教育适应性的一种新型教育模式,是从国家层面上提高劳动者整体素质、技术技能,助推产业转型升级而作出的重要战略性决策。

2022年5月1日正式实施的新版职业教育法明确"推行中国特色学徒制"。第三十条规定"国家推行中国特色学徒制,引导企业按照岗位总量的一定比例设立学徒岗位,鼓励和支持有技术技能人才培养能力的企业特别是产教融合型企业与职业学校、职业培训机构开展合作,对新招用职工、在岗职工和转岗职工进行学徒培训,或者与职业学校联合招收学生,以工学结合的方式进行学徒培养。有关企业可以按照规定享受补贴。"同时,在25、27等条款,也对校企合作的形式、激励政策等进行了规定。

案例一　从学徒工到大国工匠

1985年,邢忠东作为学徒工,进入中国中车石家庄公司。身为劳模之家的后代,自打第一天入职,母亲就嘱托他"既然当了工人,好干也是一辈子,坏干也是一辈子,为什么不能好好干,我觉得你没问题!"带着父母的期望,邢忠东下定决心,要干就要把工作干到最好。

邢忠东很幸运,刚一入职就被分到了一个叫"零担班"的创新班组。在师傅的带领和教导下,他从零开始学习。白天跟着师傅打榔头、练打锤;晚上下了班就去上夜校、学知识;夜里十一二点睡觉;早晨四五点起床温习。"那个班组意识超前,经常做创新项目,我学习的欲望更强烈了",邢忠东进步很快。

除了学习理论知识,邢忠东还利用业余时间动手实践。展开、放样、下料、校正、成型,一个环节一个环节练习;代数、几何、机械制图、材料学、力学、焊接,一门知识一门知识钻研;工作中的废纸和下脚料不知道用了多少……

辛勤的付出很快便有了效果,邢忠东首次参加公司员工技能比赛,一举拿下了青年组第二名。从那以后,他不断在各种比赛中拔得头筹,开始参与公司的科技攻坚项目。20岁,邢忠东成了车间里年龄最小的高级工。之后,还获得过"中国中车技能专家""全国五一劳动奖章""河北省突出贡献技师"等诸多荣誉称号。

邢忠东为人热忱、健谈,他把自己总结出的工作方法、经验编辑成册,交给同事们传看。在公司、车间的助力下，邢忠东创建了一个"精益道场"，这里不仅有理论学习、实践操作、现场答疑，还能回炉再造、提升技能、备赛练"兵"……一站式服务、精益化生产，让班组95%的员工具备了第二技能，48%的员工具备了第三技能。

说起自己的小目标，邢忠东依然不离团队、不离公司。"党和国家，各级工会组织多年来培养自己，为我搭建平台助我成长，我非常感谢！我要把我的技术知识传授给更多的员工"。邢忠东工作室还将吸纳更多有实力的后备力量，让团队成为"精英中的精英"。他还想把精益生产经验与理念推广到更大的范围，助力新产业跑出加速度。

案例二　一个高职生到全国劳动模范的筑基成才之路

余军伟是河南工业职业技术学院优秀毕业生，工作于河南航天精工制造有限公司，2020年被表彰为"全国劳动模范"。奋战在精工制造一线，努力工作，报效母校。

2004年，余军伟入校学习机械设计与制造专业，余军伟积极报名参加学校创新开设的"导师制"研修班，在理实一体化的项目式教学中，从做中学、从学中悟，掌握了应用于生产实际的技术技能，锤炼了"忠、毅"的品性、"严、细"的作风、"精、优"的质量观念。

毕业后，余军伟凭着扎实的基础和不服输的韧劲，不断用技术创新来实现自己的航天报国梦。在面对某发动机配套研制任务时，他成功解决了高温合金材料螺栓成型缺陷和模具寿命短的问题，为企业节约大量生产成本；在完成国家某重点工程研制任务中，他以"一次镦锻成形技术"为航天事业提供高科技、高性能紧固件；在轨道交通领域，他研制的制动盘螺栓、螺母，成功替代了进口，打破了国外的技术垄断。工作十几年来，他获得了多项实用新型和发明专利，先后荣获"航天技术能手""河南省五一劳动奖章""全国五一劳动奖章""全国劳动模范"等荣誉称号。

（1）通过对案例一邢忠东的事迹的学习，你认为他之所以能成为一名出色的技能专家，具备的条件都有什么？

（2）如果你从学徒工开始努力，你为自己规划的学徒岗位是什么？

（3）经过自己的努力，你希望自己的技艺能达到什么样的水平？

身体力行

▶ **子任务一** 你所在的地方都有哪些非遗技艺、非遗美食？请同学们组成探寻小组，去发现你身边的非遗吧！

序号	非物质文化遗产名称	遗产项目编号	简介

劳动教育

▶ 子任务二　剪纸——指尖上的诗和远方。

剪纸是我国传统民间艺术中的瑰宝，它在民间生根发芽、开花结果，并且不断发展创新、与时俱进。

请同学们在网上搜集一些入选国家级非物质文化遗产代表性项目名录的剪纸，比如庆阳剪纸、定西剪纸等经典图案，准备一把剪刀和一些彩纸，感受一下指尖上的诗和远方吧！

任务记录

剪纸作品：

作品故事：

● 子任务三 我是博物馆宣传员。

请你通过网上阅览或实地探馆等方式,为大家介绍一下你身边或你感兴趣的博物馆吧。

任务记录

博物馆名称:

推荐理由:

你最喜欢的藏品:

中国古人重视农耕，每年农历二月初二，是农民开始春耕的日子，在以农为本的古代，这绝对是一桩大事，因为农业的好坏直接关系到国家存亡。而之所以选择这一天，也是因为二月二是传说中皇帝的诞辰，也是掌管降雨的龙王的抬头日。因此，每年的这一天，皇帝都要举行一个重要的仪式：劝民农桑。而在这个仪式上，皇帝要做的就是亲自耕田。据记载，皇帝亲耕仪式最早可以追溯到伏羲时期。

还有更多展览跟随我一起来看吧！

中国国家博物馆
数字展厅

故宫博物院文化
援疆汇报展

陕西历史博物馆
线上展览

上海博物馆网上
展览

南京博物院虚拟
展厅

金沙云观展平台

河南博物院视频
展播

任务三

劳动与精神

奋斗百年路 启航新征程·中国共产党人的精神谱系·劳动精神：弘扬劳动精神 凝聚奋进力量。

弘扬劳动精神 凝聚奋进力量

1. 劳动精神

人民创造历史，劳动开创未来。从"铁人精神""红旗渠精神"到"载人航天精神"，正是广大劳动者手不停歇、脚不停步，真抓实干、无私奉献，才成就了今日中国的大好发展局面。

劳动精神的内涵是"崇尚劳动、热爱劳动、辛勤劳动、诚实劳动"。其中，"崇尚劳动"是树立正确的劳动价值观，充分认识到"劳动最光荣、劳动最伟大、劳动最崇高、劳动最美丽"；"热爱劳动"是培养正确的劳动态度，促进劳动者自觉劳动、积极劳动、主动劳动；"辛勤劳动"是对劳动过程及其强度的充分肯定，表明要充分遵循劳动的客观规律及要达到的劳动强度，体力劳动要付出辛劳和汗水，脑力劳动也要付出智慧和心血；"诚实劳动"是对劳动者品德的客观规定，表明劳动要踏踏实实、求真务实、真抓实干、实事求是。劳动精神是每一位劳动者为创造美好生活而在劳动过程秉持的劳动态度、劳动理念及其展现出的劳动精神风貌。

2. 劳模精神

劳模精神是指"爱岗敬业、争创一流，艰苦奋斗、勇于创新，淡泊名利、甘于奉献"的劳动模范的精神。其中，"爱岗敬业、争创一流"是劳模精神的本质特征，体现了劳模对国家、社会、职业的高度责任感、使命感和舍我其谁的主人翁精神；"艰苦奋斗、勇于创新"是劳模精神的品质，劳动模范是辛勤劳动、诚实劳动、创

造性劳动的积极实践者，踏踏实实、奋发图强、勇于挑战、敢为人先，在实现中华民族伟大复兴的历史征程中埋头苦干、求真务实、创新创造；"淡泊名利、甘于奉献"则是劳模精神的价值追求，彰显了劳模心甘情愿、默默坚守、身心投入，不求声名和个人私利的道德品质。

3. 工匠精神

工匠精神的内涵是"执着专注、精益求精、一丝不苟、追求卓越"。其中，"执着专注"是精神状态，是时间上的坚持、精神上的聚焦；"精益求精"是品质追求，是质量上的完美、技术上的极致；"一丝不苟"是自我要求，是细节上的坚守、态度上的严谨；"追求卓越"是理想信念，是理想上的远大、信念上的高远。工匠精神既体现了敬业之美的精神原色，又表现了创造之美的品质追求，更展现了追求之美的价值升华。

4. 为什么要弘扬劳模精神、劳动精神、工匠精神？

第一，对于培育具有全球竞争力的世界一流劳动者大军和世界一流企业，有着重大的战略价值。

第二，是实现中华民族伟大复兴的中国梦的需要，杰出的劳动者都是实现中华民族伟大复兴的中国梦的中坚力量。他们身上体现的劳模精神、劳动精神、工匠精神，为实现中华民族伟大复兴的中国梦提供了无穷的精神动力。

第三，是增强文化自信的需要。劳模精神、劳动精神、工匠精神既内含中华优秀传统文化的精髓，又体现了中国特色社会主义先进文化的重要内容，是文化自信的具体表现。

第四，是提升我国产业工人队伍整体素质的需要。我国企业与发达国家的企业还有一定的差距。表面上看是我国企业的技术和产品缺乏全球竞争力，实际上是我国产业工人队伍缺乏全球竞争力。

5. 怎么理解劳模精神、劳动精神、工匠精神之间的关系？

第一，主体互通的关系。

劳动精神的主体是广大劳动者，劳模和工匠也都来自广大劳动者。劳动模范是民族的精英、人民的楷模。大国工匠是职工队伍中的高技能人才。劳模和工匠都是获得了认可和表彰的优秀劳动者。

第二，内外支撑的关系。

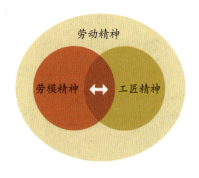

模块五　遵循劳动之道

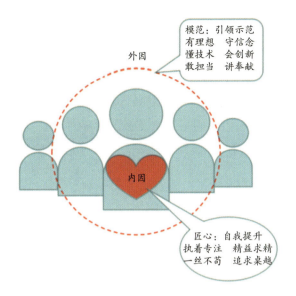

工匠精神是每一位劳动者成为劳模的内生动力，是让劳动者成为自己的"模范"；劳模精神是每一位劳动者成为劳模的外部力量，是让劳动者成为别人的"模范"，每一位劳动者只有将来自外部力量的劳模精神转化为自己不懈奋进的内生动力，才能发挥自身特有的工匠精神。因此，劳模精神是每一位劳动者形成劳动模范的外因，工匠精神是每一位劳动者形成劳动模范的内因。

第三，层层升华的关系。

劳动精神可分为三个层次，第一层次是作为一个合格的劳动者应该具备的精神特征；第二层次是作为一个专业的劳动者，也就是工匠应该具备的精神特征；第三层次是作为一个模范的劳动者，也就是劳模应该具备的精神特征。

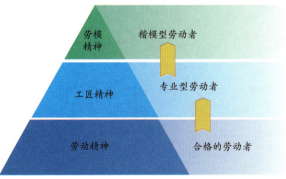

劳动是人类的本质活动。南泥湾的开荒、黑土地的耕耘、超级稻的攻关，把浩瀚原野变成万顷良田，让十几亿中国人把饭碗牢牢端在自己手里。华为中兴的探索、

151

劳动教育

南车北车的突破、北京中关村的创新创业，推动"中国制造"不断迈向"中国创造"。爱岗敬业、争创一流，艰苦奋斗、勇于创新，淡泊名利、甘于奉献，一代代劳动者胼手胝足、开拓进取，绽放了一个民族的创新精神。点点滴滴的奉献如涓涓细流汇成奔涌大河，缔造出一个充满活力的现代中国，铺展了我们这个伟大时代的精彩画卷。

1941年3月，八路军三五九旅进驻了作为陕甘宁边区南大门的南泥湾，一边练兵，一边屯田垦荒。正是在开荒过程中，培育和形成了以艰苦奋斗、自力更生为核心的南泥湾精神。

三五九旅刚开进南泥湾的时候，南泥湾还是一个梢林满山、荆棘遍野、野兽出没、人烟稀少的地方。战士们描绘那时的南泥湾："南泥湾啊南泥湾，方圆百里山连山。雉鸡成伙满山噪，狼豹成群林里窜。猛兽当家百年多，一片荒凉没人烟。"条件艰苦可想而知。

一位到边区采访的外国记者由衷地赞叹："王旅长的双手像他的部下一样，由于劳动而生满了老茧。"三五九旅七一八团政委左齐在抗日战场失去左臂不能拿镢头开荒，就给战士们做饭、烧水，并挑送上山。营连干部，更是与战士们一同劳动、生产和学习。

正因为军官与战士同甘共苦，战士们才与军官同舟共济，甚至在关键时刻献出自己的生命。也正因为领导干部的以身作则、率先垂范，极大地鼓舞了士气，振奋了精神，直接转化为凝聚力和战斗力。凭着官兵平等、上下一致、共克时艰的优良作风，南泥湾终于在三五九旅手中焕发了生机，三五九旅在为中国革命作出重大贡献的同时，也培育了永放光芒、历久弥新的南泥湾精神。

通过学习上述案例，请你谈一谈对南泥湾精神的理解。

模块五　遵循劳动之道

▷ 子任务一　讲述南泥湾故事。

"花篮的花儿香,听我来唱一唱,唱一呀唱……"64 年前,由贺敬之作词,马可作曲的歌曲《南泥湾》,正是从这里火遍了大江南北。

请同学们搜集当年八路军三五九旅将士开荒生产的故事,相互分享。

讲述南泥湾故事

故事名字:

故事人物:

故事梗概:

体会感受:

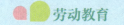 劳动教育

子任务二 发现身边最美奋斗者。

今天，劳动者内涵被前所未有地拓展，咖啡师、网络主播、职业电竞选手、非物质文化传承人……这些之前很少见的工种被创造出来，也催生了这个时代新的"人生赢家"。不仅如此，从电影放映师、建筑工程师、汽车设计师到挖掘机产品测试师，从外卖骑手、专车司机、电网工人到志愿者教师，更多人在自己的领域不断提升技能和劳动精度，勤勉地坚持自己的梦想，并实现命运转机。

你的身边也一定有许许多多奋斗者的身影，请你细心观察，通过照片+文字的形式发现你身边的劳动者故事，让更多人看到普通人的奋斗。

发现身边最美奋斗者

主人公：

奋斗故事：

体会感受：

▶ **子任务三　个人技能养成计划。**

思考并设计制作一份"个人技能养成计划",通过制订自己的技能目标、学习格言、学习书目、学习计划等,记录各阶段自己学习的成果(可用文字、图片、视频等形式)。

个人技能养成计划

技能目标描述:

我的学习格言:

学习书目:

学习计划:

成果展示1　　　成果展示2　　　成果展示3

 劳动教育

模块小结

通过学习大量的劳动案例并动手操作实践,进一步体会劳动精神、感悟工匠精神、致敬劳模精神。作为职业院校的学生,首先应通过努力学习、劳动实践完成从学生到职业人、合格劳动者的转变;其次,积极主动向职业领域的师傅、工匠、劳模等优秀的榜样学习,大力弘扬劳模精神、劳动精神、工匠精神,不断提升自我,努力让自己变得更优秀!

模块六 感受劳动之乐

学习目标

体会劳动艰辛，理解人类通过劳动创造了物质财富和精神财富；劳动者通过不断印证和突破自己，收获劳动的快乐和幸福，感受劳动之乐。

理解劳动的艰辛和劳动带来的快乐；

理解如何通过劳动得到他人的尊重和社会的认同。

能利用自己的专业技能或一技之长服务社会，体会劳动创造的价值；

通过对劳动模范、时代楷模等人物事迹的学习，明白劳动使人快乐。

树立热爱劳动的态度，体会只有劳动才能创造快乐，让人身心愉悦充满幸福；

正确理解劳动与个人发展的关系；

将个人的发展与国家富强、社会发展联系起来，积极投身到国家和社会的建设之中。

任务一

快乐属于劳动者

"种豆南山下,草盛豆苗稀。晨兴理荒秽,带月荷锄归。道狭草木长,夕露沾我衣。衣沾不足惜,但使愿无违。"这是东晋诗人陶渊明记录自己辛苦劳作但却乐此不疲的生活写照。人间万事出艰辛,一勤天下无难事——劳动者在付出辛苦劳动的同时,也在收获着劳动带来的快乐。

案例一　张建华:太行山深处的快乐耕耘者

1993年前,张建华来到河北省阜平县最偏远贫困的大台乡坊里村任教。学校是四面漏风的土坯房,一所学校要服务附近六个村的学生,张建华没有却步。从此,她开始了坚守偏远山区乡村小学教学一线的快乐时光,几十年如一日行走在太行山间。

言传身教,做学生全面发展的陪伴者

来到大台乡坊里村,张建华一人包揽四年级学生所有课程:语文、数学、科学、品德、音乐、美术、体育,科科不落。为了促进学生锻炼身体,她把在师范学校学到的体育游戏、韵律操搬到体育课上;学校唯一一架脚踏琴成了学生们音乐课的好伙伴;美术课上,孩子们和从未接触过的素描、剪纸、手工交上了朋友……看着孩子们如花般的灿烂笑容,张建华一天上7节课,浑身有使不完的劲儿。

3个月后的一天,张建华的嗓子突然"罢工",发不出声音了。离期末考试还有一个月,这耽误学生的学习可怎么好?于是,张建华一边喝着村医开的药,一边开始为学生进行"无声课堂"教学。每到上课时间,她就把当堂课的学习目标、学

习内容、检测试题，一字一字抄写在黑板上，借助"哑语"手势教授孩子们。学生们认真自学、复习、练习，不会的问题互教互助……那年期末考试，张建华所教年级的单科成绩均取得了全乡第一。而她，直到考试结束后，才到50多里外的县城医院看嗓子。

只要孩子是快乐的，张建华就感觉是幸福的。她用"知识琼浆"培育孩子全面发展，也用人格魅力呵护这些"开心果"。每天放学，她坚持到各个村做家访。路上，她一边和孩子们谈心聊天，一边捡木柴，让孩子们带回家给家长烧火做饭。

农忙时节，总有些孩子因为被父母拉去干农活而落下功课。为此，张建华号召全班同学成立互助小组，把语文课堂搬到田间地头，让孩子一边帮父母割小麦、掰玉米，一边体验生活、学写作文。孩子们既丰富了写作素材，又体会到了劳动的不易，懂得了互助的幸福和快乐。

此外，张建华还带领学生定期清扫全村街道、给五保户送温暖、让孩子们勤工俭学。教育即生活，生活即教育，在和孩子们共同生活、共同劳动、共同学习的快乐时光中，张建华深刻体会到，最朴素最真实的教育就是爱和陪伴！

活动育人，做学生精神成长的引领者

"教育不仅是为了丰富儿童的知识，还要滋养儿童的精神。"2013年4月20日，突如其来的雅安地震牵动着每一个中华儿女的心。孩子们想捐款，张建华让孩子们靠双手自己挣。于是，孩子们在家里抢着为父母洗碗、擦地，给爸爸倒水，为妈妈捶背，父母的奖赏悄悄进了班级的募捐箱。上学路上的塑料瓶，学校垃圾池里的废纸张，成了孩子眼中的宝。装满废品的袋子，在教室后面堆成了山……

六一儿童节当天，张建华和班干部在全班孩子的见证下，把捐款箱里八百四十八元五角钱铺展、整平，张建华自己也拿出五百元捐款，郑重放入其中。她说："同学们，一个多月来，你们为雅安所做的一切，我看在眼里，喜在心间。我手中拿着的是捐款，心中捧着的是你们一颗颗火热的爱心。这是献给六一儿童节最珍贵的礼物！""最小的善行大于最大的善念""一方有难八方支援"，在同学们的如雷掌声中，这些信念潜移默化地植入了孩子们的心田。

2014年张建华所带的班级被评为保定市优秀班集体。她本人也多次被评为保定市优秀班主任、保定市育人先进个人、保定市师德标兵、保定市优秀辅导员、阜平县十佳少先队辅导员等荣誉称号。

同学共长，做一辈子的学生

"活到老，学到老。"无论工作有多忙，张建华挤出时间每天读书一小时，每周读两本教学杂志，每年读10本教育专著。出外进修学习，她一定会去书店。她把《小学语文课程标准·解读》读了整整三遍，光读书笔记就写了厚厚的两大本。除了做"书"的学生，她还畅游"网海"，更新理念；向同事求教，取长补短；向学生学习，教学相长。约20万字的学习笔记是她学海采蜜的冰山一角。

为了让学生爱上语文，爱上习作，她和孩子们一起走进生活，观察生活，同写"滚动日记"。每接一个新班，她都要为孩子们购买日记本，每天有4名同学轮流写日记，其他同学、家长在日记后跟帖，而她则在每个孩子的日记后面写上真心回应："泽源宝贝儿，老师知道你对电脑'情有独钟'，但不能上瘾呦……""才亮宝贝儿，每次放学后，你总会留下来帮其他同学打扫卫生。虽然，灰尘弄脏了你的衣服，却照亮了我们的心灵……"

90多个孩子，分为4组滚动，每个学期张建华要写回应500篇！每篇千字左右，每年要写近100万字的回应！仅2013、2014两年间，这样的"滚动日记"就写了厚厚的26本。学生耿洁说："张老师，您的评语，字字是对我们的提醒，句句是对我们的鼓励，篇篇是对我们爱的表达。"学生家长田静说："张老师，读您给孩子的回应，我觉得，我们的心更近了，更亲了，像朋友，像家人，您更像孩子们的第二个妈妈！"

文字留迹，教育无痕。张建华坚信，没有爱就没有教育，没有兴趣就没有学习。在教学中，她善待每一个孩子，与孩子同读共写，教学相长。实现育人目标的同时，也成了"立德树人"的好榜样。

（1）案例中讲述了张建华老师哪些典型事迹？

（2）作为一名扎根深山的普通教师，张建华老师是怎样看待工作中遇到的困难的？又是怎样战胜它们的？

（3）你认为张建华老师通过劳动收获了哪些快乐？为什么？

身体力行

▶ 子任务一　学做一道菜。

（1）请通过书籍、网络等方式查阅资料，学做家常菜，为家人做一道菜。

（2）与班级同学分享你在做菜中遇到的困难、学到的经验及家人对自己劳动成果的评价。

▶ 子任务二　组织一次宣讲活动。

（1）通过本任务的学习，请你根据自己对劳动艰辛的体会，结合学校实际情况，以"珍惜劳动果实"为主题组织一场校园宣讲。

（2）以小组为单位制订宣讲活动计划和实施方案，开展宣讲活动。

（3）对宣讲效果进行分析，总结活动经验。通过短视频形式与同学分享本次活动收获。

课后拓展

1. 成果展示

将自己做的菜品以照片、视频的形式向同学们进行展示，采用投票的方式选出优秀作品。

2. 劳动感悟

通过身体力行体会劳动的"辛苦"，并与同学进行分享。通过学做菜和组织宣讲活动，感悟劳动所得，分享劳动的乐趣。

任务二

幸福属于劳动者

劳动知识

劳动是人的劳动，只有为劳动者持续注入动力才能使其从中不断获得幸福、快乐和自由。李大钊曾说过："我觉得人生求乐的方法，最好莫过于尊重劳动。一切乐境，都可由劳动得来，一切苦境，都可由劳动解脱。"党的二十大报告也再次强调："江山就是人民，人民就是江山。"为民造福是立党为公、执政为民的本质要求。新时代要让幸福属于劳动者、光荣属于劳动者。

劳动者是平等的，不存在高低贵贱之分。习近平总书记也多次强调："我们的根扎在劳动人民之中，在我们社会主义国家里，一切劳动，无论是体力劳动还是脑力劳动，都值得尊重和鼓励；一切创造，无论是个人创造还是集体创造，也都值得尊重和鼓励。"树立正确的劳动观，让尊重劳动、尊敬劳动者成为人们自觉的精神追求，让幸福属于全体劳动者。

案例一 "汽修女孩"出圈，职业教育更应超飒

17岁的古慧晶在广东省职业院校学生专业技能大赛汽车机电维修赛项目夺得一等奖，成为广东省第一个参加此类赛事并夺冠的女生。"汽修女孩"凭实力精彩出圈，打破了对汽修这一职业的性别标签，媒体对此大加赞扬，网友跟进喝彩，古慧晶赢得了鲜花和掌声，收获了鼓舞和尊敬。

无锡科技职业学院汽车技术系的张含雪，是该系三届大学生里唯一的女生；2003年出生的朱畅是江苏淮安技师学院汽车专业唯一一名女生。客观而言，全国的"汽修女孩"还很稀少，或许，正因为稀有，汽修女孩也容易爆红；当然，"汽修女孩""爆红"的背后，离不开她们的兴趣与热爱、勤奋和努力。

古慧晶从小就喜欢汽油味和汽车轰鸣的声音，赛前4个月的时间里，她每天早上6点起床熟记电路图；张含雪从小便喜欢汽车，大一期间，在课余时间考到了教育部的1+X汽车营销评估与金融保险服务技术（中级）职业技能等级证书；朱畅从小很喜欢机械，走在路上看见喜欢的车都会多看两眼，所以报考了汽修专业。朱畅每天泡在车间里练习13个小时，每天搬20次轮胎训练体能，都弄得满身尘土。

兴趣是最好的老师，热爱是坚定梦想的基石，勤奋是抵达成功最好的路径。因为热爱，女生可以学汽修；因为热爱，在职业学校实训室里，越来越多的女生学习切、磨、割、锯、锉、錾、削、焊等技艺……在职业教育的舞台上，广大职业院校学生通过职业教育培养掌握了一技之长，绽放在千锤百炼、焊花闪烁、刻刀起舞的岗位上，让人生更加出彩。

在古慧晶的身上，我们可以看到了她作为省冠军的霸气和"汽修女孩"出圈的潇洒。与此同时，也可以看到她的拼搏精神，一个女孩子能取得如此成绩，离不开她背后的刻苦练习和每一次不肯认输的勤奋努力。她用自己的辛勤汗水迎来了人生的高光时刻，工匠精神永远激励着我们每一个人。

案例二　薛新颖：弃商从农，"当代花木兰"开新局

和在田地摸爬滚打的农民相比，薛新颖虽在顺义北小营镇西府村土生土长，但她一路读书工作经商，30岁前从没有种过地。在建材生意做得正红火时，却被父亲的辛劳所触动，毅然"转行"，在全新领域耕耘出不菲成就。

薛新颖回忆，父亲薛海昌是位种田好手，在她幼年时承包了整个村生产队收种播的工作，成了村里最早的"万元户"。20世纪90年代，有人找到父亲，请他出面帮忙承包一片几乎荒芜的梨园搞种植。父亲签下梨园，合作者却反悔称不想继续了。

"你不干，我就自己干。"父亲上来倔劲，打井、接电……克服种种困难，坚持打理了几年梨园。然而梨过于大众，卖不上价，果树又开始出现病害，果园连年亏本。到了2001年，父亲决定将上百亩梨园陆续改成农田。这期间，薛新颖上学工作，做起建材生意，接连开出3家店面，与农村农业已没有一点关联。

转折发生在30岁那年，一个平常夜晚，薛新颖回家吃饭，临走时嘱咐父母早点休息。"休息不了，得干到后半夜。"父亲的一句话让她心里"咯噔"一下，正是秋收季节，各环节"一条龙"耽误不得。父亲白天雇的车坏了，修完车就到天黑。该干的活儿得加班干完，否则后面司机来了没活干。望着年过六旬的老父，薛新颖

一阵心疼，"我必须回来帮他，不能让他一个人连轴转"。

主意打定，不顾家人反对，薛新颖卖掉建材店，一头扎进陌生的农业领域。事实上，若单论种地知识，她自认再怎么也赶不上父亲，"但我有我的长处，父亲就是传统农民从事生产经营，如果我还和父辈一样闷头劳作，就失去了回来的价值。"

彼时，薛海昌是镇上一家合作社的社员。薛新颖敏锐意识到，一定要成为合作社的领办人，才能第一时间获取扶持政策、项目申报等各方面信息。提升作物品质与产量也不能光靠自己琢磨，要从各部门获取资源支持。2011年，她创办了北京硕丰磊白山药产销专业合作社。跑遍北京市农业技术推广站、土肥站、植保站，以及顺义区农科所、种植中心、农广校等单位，主动对接求教，实现科技人员直接到户、良种良法直接到田、技术要领直接到人。

以老父亲为核心的一线生产，搭载薛新颖活络的管理思路，合作社发展突飞猛进。经营规模从最初150亩发展到3000亩，建立起小麦、玉米新品种、新技术示范田。2015年，薛新颖又成立北京海昌农机服务专业合作社，每年为农民提供收种服务近3万亩，带动千余农户增产增收。2016年，她当选首批"全国农村创业创新优秀带头人"，是北京上榜的3人之一。

此次职称评审中，薛新颖破格获评中级职称，这让她和全家人都十分激动，老父亲更欣慰地称赞女儿是"当代花木兰"。"之前我们申报项目、推选人才，填表时发现都有'职称'一栏，但我们没有资格参评，没想到机会这么快就来了！我们农民不太会说会写，是用实践经验把'论文'写在大地上。作为受到认可的职业人才，感到特别自豪，更有干劲儿了。"

（1）案例中的几位主人公如何通过自身努力赢得了社会各界的认可？

（2）结合所学专业，谈谈你理解的"工匠精神"。

（3）你如何看待一个农民成长为"教授"这件事？在这一过程中薛新颖作出了哪些努力？

（4）假如你是薛新颖，你会选择放弃经商转而回到田间地头吗？为什么？

（5）作为一名职业院校毕业生，请用SWOT法分析一下自己的现状，并分析如何更好地提升自己。

（6）结合所学专业，讨论作为职业院校学生如何通过劳动收获幸福？

身体力行

▶ **子任务一 采访一位身边的普通劳动者，收集他们幸福劳动的故事。**

（1）采访一位身边普通劳动者的劳动故事，探寻他们眼中的劳动幸福。通过访

谈、采访等形式收集他/她的劳动故事。

（2）把他/她的故事整理后与同学分享，思考劳动的幸福是否属于每一位劳动者。

▶ 子任务二　结合所学专业，完成一次社会调研。

（1）结合所学专业，选择与专业相关的岗位对从业者进行调研，了解岗位对从业者的职业素养和技术技能要求，撰写调研报告。

（2）整理调研报告并与同学分享。

▶ 子任务三　组织一次校内师生为山区孩子捐书的活动。

（1）确定活动主题。要求主题积极向上、简单明确，且具有号召力。

（2）制订活动计划和实施方案。要求计划切实可行，分工明确，具有可操作性。

（3）与其他同学分享本次活动中的收获与乐趣。

1. 成果展示

将自己身体力行完成的任务成果整理后在班级进行展示，由同学进行打分评选出优秀作品。

2. 劳动感悟

分享自己做任务的感受，和班级其他同学对劳动与幸福、劳动者与幸福展开讨论，感悟幸福属于劳动者。

任务三

光荣属于劳动者

扫码观看：共和国不会忘记之科学家的故事。

【共和国不会忘记】于敏：为祖国强盛奉献一生

劳动具有价值引领功能，集中体现在习近平总书记一贯倡导的"三大精神"——劳模精神、劳动精神和工匠精神。全社会大力宣传劳模事迹、表彰广大劳动者中的先进典型，可以有效的发挥价值引领，使全社会形成崇尚劳动、热爱劳动的社会风气，进而提高劳动者的劳动热情与创造性，实现中国式现代化高质量的发展。

崔蕴：用生命制造大火箭

崔蕴，1961年出生，1982年参加工作，航天科技集团一院211厂总装事业部总体装配工，特级技师。三十多年来他一直从事长征系列运载火箭和部分重点型号产品的装配工作，先后四次荣立个人三等功，1995年被院授予型号研制一等奖，1997年被评为院十佳优秀工人，2013年被评为一院首席技能专家，曾荣获"一院技术能手""航天技术能手""全国技术能手"等荣誉称号。2014年，以他名字命名成立了国家级技能大师工作室。

每个人都只有一次生命。短短一生，能有几次与死神擦肩而过？又有几人在生

死一线之后，依然能做到初心不改，牢记心中的梦想？211厂总装事业部特级技师崔蕴，就是这样一个为了心爱的火箭出生入死、痴心不改的人，他用生命去热爱航天事业，展示了一位航天老兵激情燃烧的人生。

42岁就成长为特级技师

今年已经55岁的崔蕴，看起来面目和善，不瘟不火，但熟悉他的人都知道，凡事只要和火箭有关系，他绝对要较真儿到底，要是影响到火箭总装的技术问题，他不惜和同事"嚷嚷一通"甚至"打上一架"，不为别的，只为他经手的火箭都能做到完美发射。

1980年，崔蕴考取了当时的211厂技校，实习结束后，表现出色的他顺利进入了火箭总装车间装配二组工作。当他第一次走进总装车间，看到魂牵梦萦的火箭时，巨大的喜悦充满了内心。崔蕴每次完成自己的工作后，都要到其他的组里去看同事干活，遇到不明白的总要问个明白。就因为这个习惯，崔蕴没少被车间领导叫去谈话。可一见了火箭，他又把什么都忘了。

就这样，崔蕴很快成长起来，技能操作水平迅速提升，年仅42岁就成长为一名特级技师。他对火箭的感情，也从最初的单纯喜爱，向着更浓厚的热爱升华。

"再晚一个小时就没命了！"

1990年7月13日，我国首枚长二捆火箭准备在西昌发射。就在千钧一发之际，火箭四个助推器的氧化剂输送管路上的密封圈忽然出现泄漏，需要紧急排除故障。此时，火箭助推器里已经充满了四氧化二氮，这种燃料在外会烧伤皮肤，吸入肺里会破坏肺泡，使人窒息而亡。29岁的崔蕴是当时抢险队员里最年轻的一个员工，他和另一名同事是第一梯队的成员，他们戴上滤毒罐，简单地在身上撒了些防护用的碱水，就冲了上去。

很快，熟悉火箭结构的崔蕴找到了"惹祸"的密封圈，按照既定方案，他用扳手去拧紧传感器本体，想压紧密封圈。没想到，密封圈竟然已经被腐蚀透了，稍微一拧，里面的四氧化二氮竟像水柱一样喷出来。刹那间，液态的四氧化二氮气化为橘红色的烟雾，舱内的有毒气体浓度急剧上升，瞬间达到了滤毒罐可过滤浓度的100倍，死亡的魔爪迅速扼住了崔蕴他们的生命通道。

为了多解决些问题，崔蕴一边强忍着痛苦，一边坚持在舱内操作，与死神赛跑。时间一分一秒过去……忽然，崔蕴感到眼前一黑，他还想在晕倒前再抓紧干点什么，可终究体力不支，一头晕倒过去。

崔蕴被连夜送进医院抢救。此时，他的肺部75%的面积已经被四氧化二氮侵蚀，只剩下一小部分肺还在艰难地工作，生命危在旦夕。医生一边紧张地把解毒药注入崔蕴的身体，一边感叹："再晚1个小时就肯定没命了！"他吸入的有毒气体太多，医书上记载的正常剂量对他根本无济于事。医生不得不冒险加大用药，最后竟一直加到正常人能承受极限值的10倍，才把他从死亡的边缘拉回来。

"自虐"的"拼命三郎"

为了做到总装火箭"不但知其然，还知其所以然"，崔蕴常常泡在一间设计人员的实验室里。别人周末出去游玩儿，他却把业余时间用于充电，西单图书大厦的航天书架旁，他往地上一坐就是一整天，一边看一边做笔记。

本就基础扎实的崔蕴，再加上有一股钻劲儿，各方面能力突飞猛进。他在车间装配一组、二组、五组、工艺组、调度组、重点型号装配组等不同岗位，都工作过，从操作到技术，再到管理，无不精通。

就在崔蕴带领着第五生产组攻关某重点型号批产任务时，突然被脑血栓击倒了。还好崔蕴正值壮年，很快就康复出院了。为了尽快恢复体质，更好地胜任总装工作，他开始了"自虐式"暴走锻炼法。每天晚上下班后，他要散步4个小时。为了挑战极限，他还徒步走完了二环路、三环路和四环路，最长的一次用时16个小时。高强度的暴走锻炼法，成功地让崔蕴的血脂降到了正常范围。

然而，在一次去锻炼的路上，他的脑血栓疾病第二次发作。这次脑血栓发作后，崔蕴受病痛影响，在很长时间内走路都无法走直线，竟然要像老年人一样走路小心翼翼。崔蕴曾经以为，自己这一辈子只能在调度岗位上，看着心爱的火箭继续前行了。

为新型火箭再拼一次命

也许是崔蕴对火箭总装工作的热爱，又一次感动了老天，机会再次不期而至。2014年起，新一代运载火箭长征七号进入了关键阶段。合练、动力系统试车等各种大型试验，接踵而至。211厂天津厂区总装厂房第一次启用，新型号、新环境、新设备，再加上一支缺乏系统总装经验的新兵队伍，要在规定时间内完成各项总装任务，面临巨大挑战，急需一个"领头羊"来担此重任，而崔蕴是担起重任的最佳人选。

长期紧张的超负荷工作，让崔蕴不断透支自己的身体。厂领导了解他的身体情况，常常叮嘱他要按时吃药。可工作一忙起来，崔蕴就把这些忘到了脑后。一次，长征

> 劳动教育

七号一级动力系统试车产品进行总装，工作强度特别大，崔蕴在现场协调、指挥，并不时解决着技术问题。因为着急上火，崔蕴顾不得上升的血压、身体的不适，脸涨得通红，依然坚持在现场指挥。当所有工作圆满完成时，崔蕴已经几近虚脱，可是他谁也没告诉，一个人默默地回到家，去简单看了下医生，稍微好转一点儿，又立马赶回了车间，像往常一样工作起来。

在海南发射场全练时，按照原来现役火箭的操作流程，助推器怎么也无法与芯级正常连接，现场部队和设计人员急得不知所措，向崔蕴求助。崔蕴胸有成竹，分析道，长征七号的助推比现役火箭的助推长度长很多，而且重心不稳，肯定要用新方法来装配。说着，他简单地下了几个命令，三下五除二，一个疑难问题就这样迎刃而解了。

既然选择了远方，便只顾风雨兼程。与死神的交锋、与病魔的斗争，改变不了他一生的梦想。崔蕴，用执着守护心中的信仰，用生命热爱祖国的航天。

案例分析

（1）你在崔蕴的身上看到了哪些宝贵的精神？

（2）你如何看待崔蕴用生命制造大火箭的精神？

（3）你认为崔蕴为什么可以获得诸多荣誉？

（4）请结合自己的专业试着规划未来几年里，你想通过劳动取得哪些荣誉？

身体力行

▶ 子任务　走进全国道德模范。

利用互联网、电视等各种平台，搜集全国道德模范的人物事迹，并与同学分享。

课后拓展

1. 成果展示
将自己的成果进行展示，并由同学选出优秀作品。

2. 劳动感悟
就"为什么光荣属于劳动者"和"没有收获荣誉的劳动者是否依旧是光荣的"展开讨论，感悟劳动者的精神。

 劳动教育

模块小结

劳动能让我们丰衣足食，劳动也让我们得到了尊重和认可。马克思主义劳动价值论中强调了劳动是人的本质属性，劳动虽然辛苦，但通过劳动所创造的价值，也使人感到快乐。通过劳动创造形成的劳模精神、劳动精神和工匠精神正指引着我们为全面建成现代化社会主义国家而努力奋斗！通过本章的学习，希望大家能体会到劳动如何创造快乐，养成热爱劳动，尊重劳动者，珍惜劳动成果的好习惯。

模块七 感悟劳动之美

 **学习目标**

　　学会塑造自己，重新建构自我与自然、与社会、与他人的关系，实现树德、增智、强体、育美的目的。

 **知识目标**

理解劳动创造美、劳动完善自我并能促进自我的全面发展；

理解劳动与个人成长、国家富强、社会发展的关系；

理解劳模精神、工匠精神对塑造劳动之美的重要性。

 **能力目标**

能通过不同形式的劳动，创造不同的美；

能从劳动者的视角发现自己所学专业之美，并能运用自己所学专业为社会服务，助力人们对美好生活的追求；

能发现行业中的最美劳动者，并分析出他们是如何用劳动创造美的。

 **素质目标**

认同世间的美都是劳动创造的；

具有通过自己的劳动促进个人成长，奉献国家发展，推动社会进步的强烈愿望；

培养厚德精工品质，增强劳动意识与新时代劳动精神。

任务一

劳动创造美好

（1）扫码观看视频体会京杭大运河劳动成果的历史文化之美、效用之美。

【江河奔腾看中国】京杭大运河

（2）扫码观看视频，感受红旗渠建设过程的奋斗之美、精神之美，感受红旗渠劳动者的智慧之美。

这条总长1500公里的红旗渠 解决了将近十万人的用水问题

（3）扫码观看视频，感受贵州高桥的艺术之美、科技之美。

贵州是什么省·高桥省 这里藏着一座"世界桥梁博物馆"

劳动成就美好生活

劳动是财富和幸福的源泉。美好梦想都是通过劳动实现的，一切辉煌都是通过劳动铸就的。中华民族以勤劳智慧闻名于世。今天所取得的每一项成就，都是广大人民用辛勤劳动、诚实劳动、创造性劳动换来的，是实干精神创造了今天的辉煌。

1. 劳动智慧创造秀美山河

中国人的劳动智慧及吃苦耐劳的品质是深深扎根于我们的民族基因中的。自古以来中国人就在以劳动智慧改造自然，创造了祖国的秀美山河。

战国前期道家代表人物列子所著《列子·汤问》中的寓言小品文《愚公移山》就是华夏民族以不屈的劳动精神改造自然、创造幸福生活的完美诠释。

万里长城的修筑起于春秋战国时期，终于明朝末期。长城在冷兵器时代不仅构筑了抵御游牧民族的巨大屏障，保护了农耕文明之下的千千万万的百姓，也成了中国万里山河中一道亮丽雄壮的风景。

像长城一样能够代表中华民族劳动智慧的工程在历史上不胜枚举。起于1979年的三北防护林工程，工程规划期限为73年，分八期工程进行，已经启动第六期工程建设。三北工程先后荣获"全球500佳"、联合国森林战略规划优秀实践奖等国际荣誉奖项，被称为"全球生态治理的成功典范"。2018年11月在三北工程建设40周年总结表彰大会上习近平总书记对三北工程建设作出重要指示强调，三北工程建设是同我国改革开放一起实施的重大生态工程，是生态文明建设的一个重要标志性工程。工程实施40多年来，累计完成造林保存面积3014万公顷，工程区森林覆盖率由1977年的5.05%提高到现在的13.57%。工程防风固沙、保持水土、护卫农田和村镇，取得巨大的生态、经济和社会效益，三北大地实现了由黄到绿的山河巨变。塞罕坝机械林场、毛乌素沙漠治理……一个个典型案例见证着中国人以劳动智慧创造秀美山河的奇迹，见证着"绿水青山就是金山银山"的科学论断。

2. 技术进步创造美好生活

"黄田港北水如天，万里风樯看贾船"，这是北宋诗人、政治家王安石描写北宋对外贸易盛况的诗句。汉唐的丝绸之路、宋明的海上贸易，将中国的瓷器、丝绸、茶叶等产品源源不断输送到海外市场，换来了白银和其他战略物资，繁荣了中国的经济。

自清朝闭关锁国以来，中国进入了漫长的技术黑夜，国家衰弱，百姓积贫，自鸦片战争以来，痛苦的往事不堪回首。

而今，在新中国成立70余年，改革开放40余年之际，中国又重新回到了技术进步，甚至领先的快车道上。经过中国人民一代又一代的不断劳动奋斗，我们有了一份越来越长的技术领先清单：特高压输电技术、高速铁路技术、天然气原油开采及输送技术、盾构机技术、造船技术、新能源汽车技术、桥梁技术、5G通信技术、北斗导航技术、航空航天技术……这些技术与我们每个人息息相关，使国人的生活也有了翻天覆地的变化。

当你站在北京五棵松地铁站的站台之上，你或许不会知道，在站台下的3.67米处，来自千里之外的滔滔江水，经由两条巨大的管道奔腾北上；当你打开家用天然气，你可能不会想到，它们刚刚从大漠戈壁、茫茫雪原中翻山越岭、远渡重洋而来；乘坐京沪高铁早发午至，甚至可以当天来回；通畅无阻的物流系统；世界上最快速的5G网络等。这一切的一切，我们已经习以为常。这背后是技术带来的巨大红利，是多少科研人员、多少工程技术人员、多少劳动者辛勤劳动的回报。

红旗渠——"世界第八大奇迹"

1960年河南省北部山区的林县（今林州市）进行着一个震惊世界的工程。

10万人仅凭简单又原始的工具在太行山的悬崖峭壁间开凿了一条大渠，把滚滚河水从山西引入林县。最终，一条1500千米长的水渠被建成宛如一条玉带由西北向东南横跨晋豫两省。这就是被称为人工天河的红旗渠。70年代初周总理曾自豪地告诉国际友人："新中国有两大奇迹，一个是南京长江大桥，一个是林县红旗渠。"

1. 那些记忆充满着苦涩与伤痛

历史上林县是一个自然灾害发生比较频繁的地方。翻开县志，从1435年到1949年的514年里有记载的旱情就有104次，其中大旱绝收38次。

这些不堪触碰的记忆如同黄土地上被太阳暴晒生出的裂痕，埋藏着无穷无尽的苦涩与伤痛。

为了生存，许多林县人不得不扶老携幼离开家园。虽然路上时不时会有人倒下，但是逃荒的人还是前仆后继。他们不知道哪里是尽头，只知道哪里有水哪里就是家。好在林县人的困苦境地在1954年开始出现转变。这一年26岁的杨贵来到林州任县委书记，谁都没想到这位被分配来的退伍小伙会改变林县的命运。

2. 时代有幸遇到这样的他们

1957年12月，杨贵在中共林县第二届代表大会上发出了"全党动手，全民动员苦战五年，重新安排林县河山"的号召，期望通过水利建设，五年基本改变，十年彻底改变林县干旱贫瘠的面貌。那是一个群情激昂、百废待兴的年代，人们充满了建设新中国的渴望与热忱。这句带着强烈时代印记的口号也地动山摇般触动了林县人等待已久的心情。

劳动教育

八人抬巨石

1960年2月11日，37 000多人走进了太行山。他们不是专业工人，而是来自林县不同村镇的农民。父子相随，夫妻相伴，很多年轻人告别父母、背上棉被就独自上路。此刻，他们的身后没有荣光闪耀只有一个沉重的嘱托："一定要把水带回来！"这10年里，据记载，先后有81位村民牺牲。最大的60岁，最小的17岁，许多人连一张照片都没有留下。这10年里，林县人民自食其力，不等不靠，资金不足自己筹，工具紧缺自己做，石灰、水泥自己烧，炸药用完了自己造，粮食不够吃就用野菜和水草充饥……

红旗渠铁姑娘

这10年里，其中施工难度最大的青年洞是红旗渠的咽喉工程。这是因为必须在垂直的绝壁上凿出一个600多米的隧洞，漳河水才能最终进入林县。

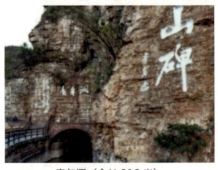

青年洞（全长616米）

红旗渠动工时正值三年困难时期，上级无力支持地方建设，林县党委政府不等不靠迎难而上，"自力更生是法宝，众人拾柴火焰高，建渠不能靠国家，全靠双手来创造"。1960年11月，红旗渠曾接到指令，因自然灾害和经济原因暂停施工。可修渠的人们不愿意轻易停下，即使口粮供给没有保障，一支由三百名青年组成的突击队还是悄悄地来到山崖。8个月后，在这群年轻人的咬牙坚持下，隧洞顺利凿通！这是一个全部由青年人攻克的难关，青年洞也因此得名。这群青年遇见的时代或许不是最好的时代，但时代有幸遇见这样的他们。

这10年里，整个红旗渠工程花了6865.64万元。其中，国家补助1025.98万元，占总投资的14.94%；林县自筹资金5839.66万元，占总投资的86.06%。对于当年财政资金只有290万的林县来说，这些数字就是当地人劳动血汗和智慧的见证。

红旗渠开凿在悬崖峭壁上，蜿蜒曲折绕山而行，把遥远的漳河水引入林县大地，既离不开总设计师杨贵跳出县域找出路的创造性决策，也离不开总指挥长马有金、技术员吴祖太、"除险队长"任羊成、"神炮手"常根虎、"凿洞能手"王师存、农民水利技术员路银等为代表的修渠人的创新创造智慧。总干渠从渠首到分水岭70多千米，落差仅有14.7 m，且渠线全部位于悬崖峭壁上，测量和施工精度要求很高。吴祖太作为唯一的技术员，带着一批边学边干的"泥腿子"，使用一台简陋的测量仪器，居然成功完成了这一堪称奇迹的挑战。工地上处处活跃着"土专家"，他们敢想敢干，不断创造传奇。红旗渠总干渠穿过连绵不断的山岭沟谷，到白家庄村西时被300多米宽的浊河拦住去路。该河平时干涸断流，汛期时洪水下泄上千个流量。由于这儿的渠线较低，不能建设渡槽。吴祖太在总干渠跨越浊河的地方，昼夜思考，拜访附近山村老人。掌握河道地质基础和水文资料后，和其他工程技术人员研究，科学地设计出"空心坝"，让渠水从坝心通过，河水从坝顶溢流，解决渠水与河水交叉的矛盾。1975年8月通过860 m^3/s的洪峰，大坝安然无恙。该工程是工程技术人员深入现场设计，正确解决渠水与河水交叉的典范。

10年，林州人民共烧制石灰145 000 t；造炸药1215 t，占总量的44.3%；制水泥5170 t，占总量的77.1%；编抬筐3万多个；修配、制作水桶18 900多副，各种工具117万件。

这10年里，红旗渠工程总计削平山头1250座，沿渠兴建了"长藤结果"式的小型一、二类水库48座、塘堰346座、水利库容2381万 m^3，相当于从哈尔滨到广州修筑一道高3 m、宽2 m的"万里长城"。同时，还建起了扬水站、水电站等设施，重新安排了林州的山山水水。林县14个乡镇410个行政村受益,67万人口和3.7万家禽家畜饮水有了可靠保证,54万亩耕地得到了有效灌溉。十年九旱、水贵如油的历史自此终结。

3. 红旗渠精神永放光辉

1969年7月6日,红旗渠工程全部建成通水。通水的那天,负责工程爆破的炮手张买江记得:10多万人聚集在干渠边哭成一团,边哭边喊"毛主席万岁"。

2019年9月25日,"最美奋斗者"表彰大会在北京举行,红旗渠建设者等22个集体被授予"最美奋斗者"称号。红旗渠带给林县人的是太行山深处的一段记忆,更是为改变命运而不屈抗争的精神。即便几十年过去了,这种精神依然光芒四射。

20世纪80年代,十万修渠大军出太行搞建筑。凭着吃苦耐劳的品性,林州建筑闯出了名气和口碑。他们逐渐打响了林州建筑品牌,林州因此成为"中国建筑之乡"。半个世纪以来,林州建筑业强市富民、贡献突出。

红旗渠建设者的名字或许不为人知,但多年来,他们彼此接力活跃在带领老百姓"战太行、富太行、美太行"的最前线。红旗渠风景区已成为5A级风景区,全国重点文物保护单位。它吸引着成千上万人前来参观学习,寻找精神动力、源头活水。红旗渠干部学院和红旗渠纪念馆,更是成为广大干部群众精神上"补钙"、信仰上"充电"的胜地。红旗渠既是历史答案,也是时代考题,这里不仅有中国的过去,更有中国的未来。

美丽红旗渠

模块七　感悟劳动之美

案例分析

（1）本案例讲述了_____，在_____时间，在_____条件下，_____的动人事迹，解决了_____问题。

（2）红旗渠建设之前，林县因缺水导致的问题有哪些？填写下表。

序号	发生时期	导致的问题

（3）通过案例的学习，罗列林县人民在红旗渠的建设中克服了哪些困难和挑战。

_____

（4）林县红旗渠建设者的劳动价值是_____，你认为这给你带来了_____等方面的影响。

（5）从案例中找出你认为反映红旗渠劳动成果美的具体事实，阐明你的理由，然后填写下表。

红旗渠的美	具体事实	你的理由
成果的历史文化效用之美		
成果的艺术之美		
成果的智慧之美、科技之美		
劳动者奋斗之美、奉献之美、平凡之美		

"发现美的眼睛"系列任务

总体要求：通过照片、视频、绘画、DIY 产品等多种方式，记录劳动成果或者劳动瞬间，表现古今劳动人民创造的美好事物，体现劳动成果美，劳动过程形式美、行动美。

▶ **子任务一　劳动成果美——历史文化美。**

"发现美的眼睛"——历史文化美、成效美

作品名称：

文化美说明：

作品照片粘贴处：

子任务二 劳动过程行动美。

内容要求：捕捉身边普通劳动者的劳动过程，如工人、农民、城市建设者、服务者、父母、老师、同学等。作品要求体现普通劳动者的精神之美、奋斗之美、奉献之美、平凡之美。

"发现美的眼睛"——劳动过程行动美

作品名称：

行动美说明：

作品照片粘贴处：

▶ 子任务三 劳动成果创造美。

内容要求：发挥主观能动性，用自己的智慧创造劳动成果，服务他人。比如为父母做一顿饭、为清洁工人制作一壶凉茶、为外卖小哥准备一份礼物、为敬老院老人唱一首歌、为老师制作一份礼物、为教室创作一幅作品等。

设计要求：作品应体现艺术之美、科技之美、奉献之美、平凡之美、关怀之美、责任之美、爱心之美、孝敬之美等。

"发现美的眼睛"——劳动成果创造美

作品名称：

劳动成果创造美说明：

作品照片粘贴处：

1. 成果展示

请将"发现美的眼睛"系列任务的作品通过视频、图片的形式展示出来,主创团队依次做路演,介绍团队的系列任务创意、思路和创作过程。

2. 劳动感悟

在追逐劳动之美,用自己的劳动创造美的过程中,一定产生了很多奇妙的感悟,或是发现的心路历程,或是设计制作生产的辛苦,或是劳动成果获得他人认可的愉悦,或是审视自己与劳动者、自己与劳动之间的密切关系……说说你的劳动感悟。

3. 榜样的力量

劳动总有种震撼人心的力量,这种力量就是蕴含在劳动之中的美。劳动之美总以平易近人的方式发生在生产生活的每一个角落,发生在每一个形形色色、普普通通的劳动者身上,他让劳动者变得不平凡,让劳动者熠熠生辉。

任务二

劳动塑造自己

（1）扫码观看：中国创新拥抱第四次工业革命。

（2）结合上一任务案例学习结果，填写下列学习地图。

夏季达沃斯论坛：中国创新拥抱第四次工业革命

1. _____ 2. _____
3. _____ 5. _____
5. _____ 6. _____
7. _____ 8. _____
9. _____ 10. _____
11. _____ 12. _____

13. _____ 14. _____
15. _____ 16. _____
17. _____ 18. _____
19. _____ 20. _____
21. _____ 22. _____
23. _____ 24. _____
25. _____ 26. _____
27. _____ 28. _____
29. _____

（3）怎样才能做到"请党放心，强国有我"？

中国梦，我的梦。把中国梦变成现实，创造未来的美好生活，需要一代代人埋头苦干和接力奋斗，需要每个人在各自岗位上付出更多的辛勤和汗水。只有继承发扬实干精神，才能用我们的劳动创造辉煌。

劳动知识

1. 劳动创造了人本身

劳动是人类最基本、最普遍的活动形态，在人类文明进步和社会发展中发挥了十分重要的作用，从某种程度上说，人类文明史就是一部劳动发展史。马克思主义认为："当人开始生产自己的生活资料，即迈出由他们的肉体组织所决定的这一步的时候，人本身就开始把自己和动物区分开来。"生产劳动是人区别于动物的根本特征，劳动不仅发展着世界，还创造了人类，促进人的自由解放和全面发展，劳动是创造价值的唯一源泉，人民群众是物质财富和精神财富的创造者。

"全部社会生活在本质上是实践的。"物质生产实践是人类最基本的实践，其中的劳动实践则是我们生产和发展最重要的实践形式之一。恩格斯指出，"劳动是整个人类生活的第一个基本条件，而且达到这样的程度，以致我们在某种意义上不得不说，劳动创造了人本身"。

2. 劳动光荣，创造伟大

劳动是人类的本质活动，劳动光荣、创造伟大是对人类文明进步规律的重要诠释。2016年4月26日，习近平总书记在知识分子、劳动模范、青年代表座谈会上讲道：

"人类是劳动创造的，社会是劳动创造的。劳动没有高低贵贱之分，任何一份职业都很光荣。广大劳动群众要立足本职岗位诚实劳动。无论从事什么劳动，都要干一行、爱一行、钻一行。任何一名劳动者，无论从事的劳动技术含量如何，只要勤于学习、善于实践，在工作上兢兢业业、精益求精，就一定能够造就闪光的人生。

劳动创造人本身，人民创造历史，劳动开创未来，劳动是推动人类社会进步的根本力量。劳动创造了中华民族，造就了中华民族的辉煌历史。

3. 劳动创造美并塑造自己

劳动者字面意义为"劳动的人"，是对从事劳作活动一类人的统称。劳动者是一个含义非常广泛的概念，凡是具有劳动能力，以从事劳动获取合法收入作为生活资料来源的公民都可称为劳动者。不同的学科对于劳动者这一概念具有不同的界定，而且在不同的社会制度和社会体制下，关于劳动者概念的理解也各不相同。劳动者，可能既是"生产者"，又是"消费者"。"生产者"，一般而言，指人的话，就是"劳动者"。

劳动的根本作用和本质内涵在于改变系统的价值总量，即劳动是价值的真正源泉。劳动者在创造价值的过程中，通过合作、分工、技术创新、解决问题实现自我在身心、意识及社会环境等方面整体提升和改造，即劳动过程是劳动者自我塑造和完善并实现个人价值的过程。在此过程中，实现行为、态度、思想、解决问题的方式与方法的提升和完善。

群体劳动者之所以能创造伟大工程，是因为他们有共同的目标，并且有组织、有分工，在统一的指挥下，劳动者们充分发挥自己的智慧，积极创新、团结协作、拼搏奋进，通过他们实现达标的劳作，最终由他们自身的努力创造出更多的美和大美。

公交有终点，服务没终点

——最美奋斗者之售票员李素丽事迹

李素丽，女，汉族，1962年出生，中共党员，公交"李素丽服务热线"负责人。曾任北京市公交总公司公汽一公司第一运营分公司60、21路公共汽车售票员。从业36年，在这平凡的岗位上，始终如一，以真诚的笑脸、热情的话语、周到的服务和细致的关怀为乘客服务，荣获 15 项次国家及北京市各级劳动者荣誉。

全国三八红旗手李素丽

1. 优质服务

　　李素丽的梦想是当播音员，高考时，以 12 分之差没能考上大学。落榜后，她到北京公共交通总公司第一客运分公司 60 路汽车当了售票员。在身为公共汽车司机父亲的教育下，在周围同事的感染和帮助下，她渐渐地爱上了售票员工作。先后随着 60 路、21 路车，在北京城穿梭了 18 年。李素丽通过多年的实践和一点一滴的积累，练就了能根据乘客的不同需求，给他们最需要的服务的本领。

　　老幼病残孕，最怕摔怕磕怕碰，李素丽就主动搀上扶下；上班族急着按时上班，李素丽见到他们追车就尽量不关门等他们；外地乘客既怕上错车，又怕坐过站，李素丽不仅百问不烦，耐心帮他们指路，还记着到站提醒他们下车；遇到人生地不熟的乘客，李素丽从来不跟他们说"东西南北"，而是用"前后左右"指路，让乘客更容易明白；中小学生天性活泼，李素丽总要提醒他们车上维护公共秩序，车下注意交通安全；遇到堵车，她就拿出报纸、杂志给乘客看，以缓解他们焦急的心情；看到有人晕车或不舒服想吐，她会及时地送上一个塑料袋；遇到不小心碰伤的乘客，她赶紧从特意准备的小药箱里拿出常备的"创可贴"；姑娘们夏天穿着长裙上下车，她会提醒她们往上拎一拎，以免被后面的人踩上摔跟头……李素丽习惯在车厢里穿行售票，尽管总是挤得一身汗，可她却说："辛苦我一个，方便众乘客。"在早晚上下班高峰期间，车厢拥挤、嘈杂，有时还会发生矛盾和口角。李素丽往往几句话就能化解一个个矛盾。对待一

出车前工作准备

些不讲理的乘客，李素丽也是以礼待人，以情感人。

在平凡的岗位上，把"全心全意为人民服务"作为自己的座右铭，真诚、热情地为乘客服务，被誉为"老人的拐杖，盲人的眼睛，外地人的向导，病人的护士，群众的贴心人"。她认真学习英语、哑语，并努力钻研心理学、语言学，利用业余时间走访、熟悉不同地理环境，潜心研究各种乘客心理和要求，有针对性地为不同乘客提供满意周到的服务。1992年荣获"首都劳动奖章"；1993年获"全国五一劳动奖章"和"全国优秀售票员"称号；1994年被评为"全国建设系统劳动模范"。1996年后先后荣获"五四奖章""全国三八红旗手""全国职业道德标兵"和"全国优秀共产党员"等荣誉称号。

2. 创办热线

1999年12月10日，李素丽与23名姐妹组建起"北京公交李素丽服务热线"，在北京市首次为百姓出行、换乘车提供24小时的交通信息。从三尺票台到信息平台，从售票员到"李素丽热线"的负责人，李素丽接受了新的挑战。"96166""服务热线"对社会的承诺是乘客出行的向导，解答询问的智囊，质量监督的渠道，联系市民的桥梁。这也是对李素丽18年售票工作经验的总结。

热线建立之初，李素丽就与大家一起交流、总结服务经验，在此基础上，她们制订了《公交服务热线管理规定》《接线员岗位职责》《接线员工作程序及标准》《接线员工作考核办法》等规章制度。

在日常工作中，李素丽通过自己的言传身教带动着那些年轻的接线员，针对热线工作的服务态度问题，她提出虽然不能与顾客面对面，但仍然要微笑着服务，虽然乘客看不到你的笑脸，但他们一定会感觉到你是否温暖亲切。李素丽让她们在面前放上一个镜子，每次接电话的时候都对着镜子练微笑。李素丽还对"热线"工作人员提出了"四美"的服务标准，即"衣着整洁仪表美，和蔼可亲语言美，热情周到服务美，敬业爱岗心灵美"。针对群众来电内容，李素丽又提出了"一切围绕用户转"的口号，急群众所急，帮群众所需，解乘客所难。针对北京城市建设速度加快，公交线路变化频繁的新情况，李素丽组织热线工作人员利用班余时间走访线路，熟知了全市700多条公交线路和900余处机关单位、旅游景点，使电话咨询做到得心应手。

李素丽热线也接到过不少恶意骚扰电话，还接到过不少"出气"电话。面对"出气"电话，李素丽会帮助"热线"工作人员疏导情绪，教会她们换位思考。李素丽还教她们处理问题的技巧，后来，接线姑娘们理解了，也找到了心理调适的方法。

"顾客是你的亲人，你的朋友"，李素丽的这句话经常挂在每个接线员的嘴边。"李素丽热线"从公交热线变成服务热线再到心理热线，乘客们也把接线员当成了自己的亲戚朋友。真情的付出，使服务热线再次荣获全国妇联授予的"全国巾帼文明示范岗"称号，李素丽式的服务传递给了更多的人。1999年荣获"首都楷模"称号；2000年被评为"全国劳动模范"。李素丽还曾获"北京市爱国立功标兵""北京市优秀共产党员""北京市十大杰出青年""北京城市建设十大英才"和中国雷锋工程"形象大使"荣誉称号。

从车厢票台转入"公交李素丽服务热线"后，李素丽就在思考：怎样才能让乘客满意。她认识到，办好热线必须依靠知识做支点。于是，近40岁的李素丽重新拿起了书本。2000年，她以454分考取了北方交大的电子工程专业。在李素丽的带动下，十几名热线工作人员全部走进社会成人大专班，学习心理学、社会学、电脑、英语等专业，有的还学习法语。李素丽和她的姐妹们最大的困难就是学好英语。为了迎接北京奥运会，她们制订了接线员岗位英语30句，自学了北京人英语300句，后来又根据工作需要编写出50句、80句。用英语来解答乘客提出的问题，已成为她们工作的一部分。

接热线中的李素丽

走访线路是接线员的必修课。一次，一个男乘客打电话咨询去西城区少年科技馆的路线，接线员胡建男没有查询到，便要这位男乘客把电话留下，查到后再给他打电话。乘客马上大声地嚷道："李素丽在不在，李素丽热线就应该百问不倒。"挂断电话后，胡建男忙着翻看地图和手头所有的资料，都没有找到。胡建男拨通了李素丽家中的电话，李素丽很快就说出了科技馆的准确位置和乘车线路。事后胡建男才知道，原来李素丽对北京市的地理环境非常留心，不论走到哪里，都将附近的单位、胡同、公交线路记在本子上。后来，李素丽热线的接线员都养成了同样的习惯，公交每开通一条线路，就走访一条线路，公交线路几乎每天都有调整，她们也几乎每天都在走访。她们平时不管到哪里，都会仔细留心各地建筑，回来后互相交流，并整理成资料。每人都有一个写得密密麻麻的笔记本，对医院、学校、宾馆、使馆、景点、商厦等了如指掌。

3. 李素丽的服务特点

以情暖人。李素丽在十米车厢中创造了非常好的业绩，成为飘扬在全国公交行业的一面旗帜。除了她对本职工作的无比热爱，把一腔热情全部倾注到工作岗位上，还与她注意社交技巧、讲求口语艺术，用艺术化的语言开展工作密不可分。李素丽最大的特点就是注重与乘客的情感交流，她靠真挚的感情来换取乘客的真情，用自己火热的心来温暖乘客的心。每次发车出站，她都会脸挂亲切的笑容，用甜美、悦耳的声音与乘客们"打招呼"。

以"场"促人。李素丽非常注意在车上营造一个文明礼貌、互相尊敬友善的"公众场"，以唤起众乘客对爱心和善心的共鸣、对文明礼貌的呼应。当小伙子应李素丽的询问为刚上车的母女二人让座，落座的小女孩忘记答谢让座的小伙子时，李素丽便柔声提醒："小朋友，叔叔给你让座了，你该说什么呀？"女孩的一句"谢谢叔叔！"不也包含了李素丽的一番良苦用心吗？正因为有了这一幕，女孩随妈妈下车后的两三分钟时间里才没有人去抢坐这个座位。座位最终让给了一位年龄稍长身体单薄的女同志。以"场"促动大家的爱心、善心、文明行为、礼貌行为，就是李素丽的"场"所具有的春风化雨般的"李素丽效应"。

以理服人。李素丽的公交车，也会发生各种各样的不文明行为。一次，有个小伙子上了车就往干干净净的地板上吐了一口痰。李素丽轻声提醒他不要随地吐痰。不想气呼呼的小伙子又吐了一口。这时，李素丽没有再说话，走过去，掏出纸把地板上的痰迹擦干净。在全车人的注视下，小伙子脸红了，下车时连连道歉。

以新引人。李素丽虚心向其他车次的劳动模范学习，学习44路劳模的热情，学习10路劳模的宣传，学习老劳模的朴实。除了在服务内容上精益求精、更上一层楼，还追求服务形式的新颖、独特，努力创造自己的服务特色。她的工作语言，不拘泥于一般的"照本宣科"，而是独树一帜，给乘客耳目一新的感觉，使乘客容易接受，乐于接受。比如，车辆拐弯，她提醒乘客扶好坐好；遇上满载，需要疏导车内乘客，她说："请您往里走半步，后面的同志就上来了。"有老、弱、病、残、孕者上车，她问："哪位年轻同志少坐一会儿？"这些话，非常贴近乘客的实际情况，让人听起来是那么亲切。只动半步就可以为他人提供方便，只少坐一会儿就帮助了他人，多么具有鼓动力和号召力。

以甜动人。为了把这个"甜"字送给乘客，李素丽把自己的声音优势充分利用起来，在十米车厢这个特殊舞台上，尽情发挥着声音的魅力，努力追求声音表达的优美动听。

如何吐字用气，怎样把握声调和语气，怎样控制时间，是她在车下反复练习的项目。面对乘客，如何展露动人的笑容，是她在镜中无数次揣摩演练的"节目"。正是有了车下的刻苦练习，才有了车上热情、大方的表情和举止，柔美、悦耳的嗓音和语言。

案例分析

（1）本案例主人是_____，她是_____（单位），其第一岗位是_____，后来到_____岗位。

（2）结合案例描述，查找相关资料，请描述公共汽车乘务员的岗位职责是_____。

（3）李素丽兴的趣爱好、性格特点对其工作成效有_____。

（4）请你列举本案例中最简单的工作任务（内容），分析案例主人公是如何完成这些任务的，并填写下表。

工作任务名称	方法和技能	相关知识	李素丽的标准（要求）

（5）请你列举本案例中最难的工作任务（内容），分析案例主人公是如何完成这些难点任务的，并填写下表。

工作任务名称	方法和技能	相关知识	李素丽的标准（要求）

通过对李素丽服务过程的分析，我们可以清楚地看到她是通过_____实现"能根据乘客的不同需求，给他们最需要的服务"的信念和成效。

（6）案例主人公的劳动价值是_____，她给你带来了_____等方面的影响。

（7）从案例中找出你认为李素丽最美的地方，然后填写下表。

劳动教育

项目	内容		
	外在表现	行为表现	思想态度表现
A 项工作			
B 项工作			
C 项工作			
D 项工作			
E 项工作			

创造劳动的主体是群体劳动者和个体劳动者。他们共同的特点是能创造劳动价值利于他人和社会。在创造价值的过程中，他们或他通过不同方法、技术、路径，用高标准要求自己，践行劳动最光荣的理念，温暖他人，推动社会进步。

（8）请你查找"美"的定义，其定义是_____。结合上一模块和本模块案例，你对"劳动者之美"的定义是_____。

（9）请与同学分享交流以下图片，陈述图中劳动者之美。同时请收集歌颂劳动者之美的诗词、歌曲和艺术作品，并与同学分享。

我们走在大路上

祖孙四代

父亲

老农

钢水汗水

模块七　感悟劳动之美

钟南山

南水北调工程会战组图

○ 子任务一　拥有一次"未来之旅"。

（1）通过学习案例主人公李素丽的劳模之路，完成下列选择，构建你自己认可的最美劳动者画像。

①工作岗位：喜欢 / 不喜欢；认可 / 不认可。

②工作职责：清楚 / 不清楚；积极拓展职责内涵 / 尽职责就行。

③对工作的态度：认真负责 / 到位就行；持之以恒 / 高兴就做好一些，不高兴就要求不高。

④对待工作结果的要求：有严格的质量要求 / 质量要求不高完成就行。

⑤对待服务对象的反馈：及时响应，主动改进 / 不理会、不回应、不改进，过得去就行。

⑥对待工作中的新问题：积极寻求解决方案 / 无视问题，对外追究。

（2）请你绘制 20 年后自己的画像，并制订自己的职业生涯规划。

劳动教育

子任务二　我是技术小能手。

利用自己的专业，开展一次社会服务活动。完成任务后，请填写下列内容。

（1）我的专业是_____，我未来的工作岗位可能是_____。

（2）结合案例描述，查找相关资料，请描述你未来的工作_____，岗位职责是_____。

（3）请列举你在专业学习过程中的主要工作任务（内容），并填写下表说明你是如何完成这些工作的。

工作任务名称	完成任务的步骤、方法	完成任务需要的知识	任务技术标准	完成此项工作任务的劳动价值和工作的感受

课后拓展

1. 综合评价

结合学习和实践任务对自己进行综合评价，并填写下表。

评价主体	评价维度							
	职业形象			职业道德			职业行为		
	着装干净	岗位礼仪	语言得当	认可岗位	明确职责	乐于工作	认真负责	持之以恒	乐于奉献
自评									

评价主体	评价维度		
	职业形象	职业道德	职业行为
教师评价			
家长评价			
师傅评价			

2. 劳动感悟

请你建立自己的劳动小档案，并简要记录劳动收获。

劳动项目		内容设计	实施记录	价值挖掘	体悟劳动之美（成果美、行为美、精神美）
日常生活劳动	家务劳动	为家人做饭			
		美化居家环境			
		雅趣养成			
	收纳整理	居家整理			
		宿舍整理			
	低碳行动	家庭低碳环保活动			
		校园及专业学习中的低碳环保活动			
生产劳动	专业劳动	实训、实习活动			
	新技术应用与创造	解决生活或专业中的实际问题			

劳动项目	内容设计	实施记录	价值挖掘	体悟劳动之美（成果美、行为美、精神美）
校园公益活动	参与校园劳动日、劳动周、劳动月各类活动			
城市志愿服务	成为所在地注册志愿者，为所在城市、社区服务			

3. 成果展示

（1）家务劳动成果展示（可为图片）。

（2）生产劳动成果展示（可为图片、证书等）。

（3）服务劳动成果展示（可为图片、证书等）。

4. 榜样的力量

发现身边的最美奋斗者以文字记录的方式，描述其事迹。

任务三

劳动铸就匠心

劳动者是美的主体，人类各个时代的物质财富和精神财富都是由劳动者来创造和谱写的，展现着劳动精神之美和劳动智慧之美。劳动创造财富、劳动创造价值、劳动创造美，劳动助推社会进步、劳动实现伟大梦想。

（1）20世纪，人类最伟大的考古发现之一是三星堆考古发掘。"仰望三星闪烁，追溯文明源头"，考古学家在三星堆文化"祭祀坑"中出土了商代晚期制作精美的2.62 m高青铜大力人、1.38 m宽的青铜面具、高达3.95 m的青铜神树、黄金面具残片、肉眼不可见的丝绸制品残留物、象牙雕刻等一大批文物，揭开了古蜀国的文化、历史和秘密，展现了3000年前长江流域古蜀国劳动者高超的技艺、独特的审美和无穷的智慧。

三星堆新发现

（2）为战胜国民党顽固派的经济封锁，1939年2月，中共中央在延安召开生产动员大会，毛泽东号召陕甘宁边区军民"自己动手，生产自给"，要求部队在不妨碍作战的条件下参加生产运动。军民响应号召开展的大生产运动和经济建设，为渡过严重困难、巩固根据地抗日民主政权、支持敌后长期战争、争取抗日战争的胜利，奠定了物质基础。

《山河岁月》第三十三集　军民大生产

（3）2021年是中国共产党成立100周年，党中央决定，首次评选颁授"七一勋章"，隆重表彰一批为党和人民作出杰出贡献、创造宝贵精神财富的党员。此次共产生了29名功勋党员，他们中有"渡江英雄"、有社区工作者、有大国工匠、有"治沙英雄"、有高原医生、有德艺双馨的艺术家、有对"两弹一星"有突出贡献的科学家、有已经牺牲的"卫国戍边英雄"和扶贫干部等。他们理想信念坚定，对党忠诚；为中国革命、

"七一勋章"颁授仪式

建设、改革，为全面建成小康社会和打赢脱贫攻坚战，为推进新时代党的建设新的伟大工程，作出杰出贡献、建立卓越功勋；他们道德品行高尚、创造出宝贵精神财富；在全党全社会具有重大影响、受到高度赞誉。

劳动知识

"劳动是财富的源泉，也是幸福的源泉。人世间的美好梦想，只有通过诚实劳动才能实现；发展中的各种难题，只有通过诚实劳动才能破解；生命里的一切辉煌，只有通过诚实劳动才能铸就；劳动者是美的主体，劳动创造美，劳动美托起中国梦。"

那么，什么是劳动者的精神之美？劳动者的精神之美又是怎样一代代传承下来的呢？

劳动精神、工匠精神在我国可谓源远流长。

《周礼·考工记》是中国所见年代最早关于手工业技术的文献，是先秦时期手工业的专著。全文7000多字，篇幅并不长，但科技信息含量却相当大，内容涉及先秦时代的制车、兵器、礼器、钟磬、建筑、水利等手工业技术，还涉及天文、生物、数学、物理、化学等自然科学知识。《考工记》系统详细地介绍了官营手工业木工、金工、皮革工、染色工、玉工、陶工六大类30个工种及其工艺规范和管理制度，反映出当时中国所达到的科技及工艺水平。这其中6个工种已失传，后又衍生出1种，实存25个工种。古代的这些工匠和大师，对每一项工程、每一件作品都精雕细琢，追求完美，为考古学、建筑学等诸多领域留下了传世瑰宝。

战争年代，艰苦岁月，军民自力更生，艰苦奋斗，以革命乐观主义精神参与生产劳动和经济建设，为革命胜利奠定了物质基础。在此基础上形成的南泥湾精神感召了一批又一批爱国青年投身革命和建设，以青春生命、乐观精神和革命理想取得了革命的胜利。

新时代的劳动者，为了梦想，立足平凡岗位，孜孜以求，步履不歇。他们精益求精、攻坚克难，在传承与创新中书写着新的传奇；他们专于职、勤于工、敬于业、精于技，用实际行动践行"责任、务实、创新、进取"的铿锵誓言。干净的马路、热忱周到的服务、坚固的国防线、精美的工艺作品、宏伟的建筑、大国重器、中国车、中国路、中国桥等，无不展现着每一位普通劳动者、大国工匠、全国劳模辛勤的汗水、日复一日的坚守、默默的奉献、执着的追求、卓绝的智慧……每一名劳动者都以各自不同的姿态和形式，积极参与着全面建成社会主义现代化强国建设和伟大复兴中国梦的推进。

当前，党正在团结带领全国各族人民以中国式现代化全面推进中华民族伟大复兴。中国式现代化需要怎样的劳动者？加快构建新发展格局、着力推动高质量发展需要劳动者具备怎样的精神？每个人都会劳动，为什么劳模那么少？平凡怎样铸就伟大？匠心怎样锤炼？有无规律可循？

其实，爱国与敬业从来都是具体的、鲜活的。

有那么一群人，他们是产业发展的重要力量。他们在平凡中坚守，在执着中超越，用奋斗书写爱国，用技能铸就伟大和辉煌、用实干成就梦想。他们用精益求精，擎起"中国制造"、用创新突破，诠释"中国创造"、用一丝不苟撑起"中国建造"，薪火接续，传承"中国风范"，这就是杰出工匠！

有那么一群人，他们在平凡工作岗位数十年如一日，淡泊名利、甘于奉献，对劳动的规范恪尽职责，持之以恒地为人民、为社会、为国家服务，在平凡工作岗位创造不平凡的业绩。鲜少人能够做到了，鲜少人就成了标杆，这就是劳模。或者说，正是因为少，才越发珍贵，才会给人以震撼，才会成为工匠典范，才会成为全国劳模。

有那么一群人，他们来自人民、植根人民，立足本职、默默奉献。在他们身上生动体现了中国共产党人坚定信念、践行宗旨、拼搏奉献、廉洁奉公的高尚品质和崇高精神。他们对党忠诚，对人民负责；为中国革命、建设、改革，为全面建成小康社会和打赢脱贫攻坚战，为推进新时代党的建设新的伟大工程，作出了杰出贡献、建立了卓越功勋。他们道德品行高尚，创造出宝贵精神财富，在全党全社会影响巨大。这就是为党和人民作出杰出贡献的、获得党内最高荣誉的29位"七一勋章"获得者！

平凡铸就伟大，伟大源自平凡。不同工作岗位上，只要执着专注、持之以恒地做好每一件小事，就有从平凡劳动者成为大国工匠、成为劳模的可能。

案例一　錾刻技艺的"大国工匠"——孟剑锋

孟剑锋从艺近30年，擅长制作贵金属工艺摆件。匠心独运，成功制作了"两弹一星"科学家功勋奖章、"神舟"系列航天英雄奖章，并荣获中国礼仪休闲用品设计大赛国务政务类金奖。《神武辟邪》《金枝玉叶》《龙凤爵杯》等贵金属工艺摆件作品，荣获第六届中国礼品大赛"华礼奖"优秀奖。2014年制作《和美》纯银錾刻丝巾果盘，被选定为APEC会议国礼。2017年制作《梦和天下》首饰盒套装被定为"一带一路"峰会礼品。

《和美》纯银錾刻丝巾果盘

1. 苦学技艺

孟剑锋生长在普通工人家庭，11岁丧父。孟剑锋因家庭生活困难弃学，初中毕业后就到工厂学钳工，用锯子、锉刀等练就扎实基本功，为从事工艺美术行业打下坚实基础。

1993年，孟剑锋入职当时首饰行业"领头羊"北京工美集团旗下北京握拉菲首饰有限公司，被分到了二楼的镶嵌车间，学习"执模"。他用一年半的时间学锉刀，也曾觉得枯燥，但师傅用打地基的比喻点醒了孟剑锋，他明确了工艺美术行业从业的特点，执着地学习每一道工序、反复练习，很快就掌握了整形、锉削、焊接、打磨等工艺。学无止境，他开始向有不同绝活儿的师傅学习，每天除了吃饭、睡觉，就是学技艺、练技艺。即使学錾刻时，没机会用到，他仍然坚持练习。

2. 参与制作"两弹一星"奖章

机会总是留给有准备的人。1999年8月，握拉菲承接了制作"两弹一星"科学家奖章的重大任务。20多岁的孟剑锋被公司委以重任，负责全部奖章中麦穗的钉砂和光芒的车光工作。他顺利完成任务，没有报废一枚奖章，名字排在奖励名单第一位。

3. 攻克"999银"浇铸工艺大关

在承接制作"两弹一星"科学家奖章任务时，握拉菲的业务已经锐减。一方面是因为握拉菲生产意大利样式的机械首饰，不太符合中国人的审美，与此同时，南方兴起了私人首饰厂，生产的首饰样式更受市场欢迎；另一方面，当时的老百姓更喜欢"真金白银",不认可握拉菲手工制作的镶嵌首饰。企业艰难,很多人离开,孟剑锋因为喜爱留了下来。

2000年后,企业转产,逐渐以制作奖章、奖牌为主业。企业鼓励创新,孟剑锋的第一项创新就是改进了足银浇铸工艺。为满足消费者需求,他查找资料,向经验丰富的同行、前辈讨教,借鉴黄金熔炼工艺,花费3000多个小时,进行上百次试制,摸索出"999银"

孟剑锋(左一)指导徒弟浇铸工件

浇铸的最佳焙烧温度、最佳化料温度和最佳浇铸速度,攻克浇铸工艺的难题。

2013年孟剑锋的徒弟研制并改进锗银浇铸工艺,使铸造的成品率达到了60%～70%,锗银产品成为企业效益增长点。

4. 錾刻APEC国礼

2014年9月,北京工美集团包揽了APEC三件国礼的设计制作任务,其中就有《和美》纯银錾刻丝巾果盘。

为了做出仿竹编果盘的粗糙感和丝巾的柔美光感,孟剑锋制作了近30把錾子,最小的一把在放大镜下做了5天。一把横截面2.5 mm^{2}的錾子,一共有20多道细纹,每道细纹大约有0.07 mm,相当于头发丝粗细。

试錾了一百多块银片,将银片减到了0.6 mm厚,又把果盘的四个底托变成了中国结造型。微调后的丝巾果盘更具中国特色,也更加美观、逼真了。

孟剑锋(右一)和创新小组成员研讨作品

造型变美了，制作难度却加大了。由于工期非常短，有人提议用更快、更容易操作的机器铸造底托。但这样做出来的底托特别呆板，没有生命力。

孟剑锋认为作为国礼，它必须代表中国工艺美术最高的技艺水平。他毅然决定，全部用纯手工的方式编织。这样的制作难度可想而知。编中国结用的是直径约 3 mm 的银丝。银有一定的硬度，想要编织，先要进行高温加热使银丝软化，并需在温度降低、银丝变硬前迅速编织。没编几天，他的手就被烫出大泡，水泡磨破了，露出鲜肉，被手上汗浸得钻心地疼。但他咬牙坚持奋战 3 个月，手上磨出厚厚的茧子，食指都变形了，一根手指像两根手指那么粗，就剪去手上的死皮，接着干。

在他的努力下，APEC 国礼《和美》纯银錾刻丝巾果盘如期交付，全部使用传承了 3000 多年历史的錾刻工艺，由整块银板錾刻而成，历上百万次錾刻，并以勾、采、落、压、丝等手法，将缕缕丝线和竹篮藤条展现得淋漓尽致，受到了一致好评。

5. 入选《大国工匠》

2015 年、2016 年，孟剑锋作为工艺美术行业的代表，先后两次登上中央电视台《大国工匠》栏目，还当选了北京市第十二届党代表。他给自己立了新规矩：无论参加什么活动，都不能耽误工作。每次活动结束，不管多晚，都要赶回单位完成他的工作。

孟剑锋参加中国共产党北京市第十二次代表大会

案例二　用焊花为大国重器增辉——张怀红

2020 年 11 月 24 日上午，全国劳动模范和先进工作者表彰大会在北京人民大会堂隆重举行。这是时隔五年中国再次用最高规格——以党中央、国务院的名义表彰全国劳动模范和先进工作者。来自徐州重型机械有限公司徐工起重机械事业部结构分厂的电焊工匠——张怀红作为产业工人起重机械的代表,和全国 1687 名新当选的"全国劳动模范"一道,进京接受表彰并现场聆听习近平总书记重要讲话。无上的殊荣,是对不懈奋斗的美丽身影最好的褒奖与肯定。

会后,张怀红接受央视《新闻联播》采访。他说:"国家好,民族好,大家才会好。当前正处在高速发展时期,也是我们广大劳动者撸起袖子加油干的奋进时期,作为一名电焊高级技师,我要主动承担起团队'领头羊'的作用,培养出更多的高技能人才,不断创新焊接工艺方法,为大国重器的制造贡献力量。"

2000 年参加工作以来,张怀红始终奋战在最艰苦的生产一线,以高超的焊接技能扛起工作的责任,用热情和执着践行"工匠精神"。他负责徐州重型机械有限公司大吨位起重机主焊缝高强钢焊接,承担全球首台最大 1600 t、1800 t 全地面起重机和 2000 t 伸缩臂履带式起重机的关键焊缝焊接任务,焊接工作量名列前茅。

1. 40 多万米焊道零缺陷

在第一次焊接操作课上,老师作焊接演示,只见一片灿烂的弧光伴随着滋啦啦的响声形成一条优美的焊缝,让张怀红惊奇不已,盯着看了很久,也因此眼睛肿了好几天。从此,他对焊接痴迷起来,用心学习钻研。

参加工作后,张怀红结合岗位尝试各种焊接方法的综合应用。他经常研读焊接方面的学术论文和科技杂志,光笔记就有七八本,上面写满了他的理解和感悟。

为了快速掌握复杂结构件高强钢的焊接技巧,他每天第一个到岗,给老师傅打下手,虚心询问每一个焊接要点,反复地琢磨、一遍遍地尝试,平焊、立焊、横焊、仰焊,一项一项地练;站、仰、蹲、趴,一招一式地学。

认真工作的张怀红

为了让自己的技术更接近"完美",张怀红为自己设计了一套练习方法,在本身焊枪自重已经是 3 斤的情况下,在手臂上再绑 3 斤重的沙袋,坚持了半年时间,

手持焊枪的稳定性有了质的飞跃，焊缝的误差已控制在 1 mm 以内。

对电焊工而言，弧光伤眼、手脚烫伤是家常便饭。焊接时的火花溅在脖子和手面上，张怀红疼得上牙碰下牙，双手也没有一丝颤抖。有人说他傻，被烫了还不知躲，他却说这些是一个电焊工成长必须付出的代价，想成为一名合格的焊接匠人，就要"脱几层皮"。

20 年来，经张怀红手工焊过的焊道超过了 400 000 m，相当于 45 座珠穆朗玛峰的高度。作为企业焊工队伍的领军人才，他保持着零缺陷的纪录。

2. 用匠人之心焊国之重器

2009 年起，我国自主研制的首台全球最大 1600 t 全地面起重机，张怀红和他的团队承担了大吨位起重机主焊缝高强钢的焊接工作。在焊接起重机变幅支座的外观焊缝时，由于板材厚、坡口深，焊缝首尾宽度不一致，焊接难度极大，导致每次焊后都需要对焊缝进行打磨、修整。为解决这一问题，张怀红细致观察，他先用石笔在焊道上进行演示或者标注，然后估算出焊接的层数和盖面的道数，确保绕过焊道拐角处或者让接头的数量最少。实践下来，大获成功，焊缝光滑完美，无需打磨。张怀红将这一方法传授给同事们，同事们很快掌握了这类焊缝的焊接技术，使产品的外观质量得到了极大提升。

2021 年，徐工自主研制首台全球性能最高的 1800 t 全是地面起重机和 2000 t 伸缩臂履带式起重机，其核心工艺 1100 MPa 高强钢焊接，同样是由张怀红及他所带领的团队完成的。在高 17 m、占地近万平方米的大吨位焊接车间内，焊花飞溅，热浪逼人。省党代表、电焊工张怀红身着十余斤重的电焊服，手持焊枪，弓着身子，全神贯注地为 2000 t 伸缩臂履带式起重机焊接主吊臂。这台 2000 t 重的起重机由数万个零部件组成，其中有将近一万条焊缝需要人工焊接。张怀红说，出现任何一条比头发丝还细的裂痕，都有可能造成严重事故。

"XCC2000 伸缩臂起重机履带式设计彻底解决了吊装 160 m 风机的全球难题；2.5 m 窄轨履带底盘使其拥有了 30% 的爬坡能力。"轻盈地从吊臂上滑降下来，张怀红告诉记者，江苏省第十四次党代会提出，要加快科技自立自强，更大力度建设自主可控的现代产业体系，着力打造工程机械、节能环保等世界级先进制造业集群。"这样的目标催人奋进，身为徐工重型的一员，就是要争分夺秒地干，用一朵朵绚丽的焊花，为美好蓝图增光添彩。"

3. 创新高技能人才培养

"电焊是个技术活,更是良心活,不允许掺一点假。"晌午,停下手头工作,"一根筋"的张怀红没有马上去食堂吃饭,而是匍匐在吊臂上仔细"批改"徒弟们焊完的活。这是他多年养成的习惯,发现问题,他便用笔画个圈标出来。

作为电焊高级技师,张怀红长期担任电焊工导师,组建电焊精英团队,不断创新高技能人才培养办法,组织各梯队技能竞赛和岗位练兵活动,提高员工的素质修养和综合能力。他还创新采用"培训+辅导+实战+认证"的行动学习模式,开展具有"人课合一双认证"特点的内训师培训,为企业铸魂塑骨。

"未来五年,我省聚才能力和人才效能要显著增强;具体到电焊工作,就是要胆大心细,做好手、眼、脑的配合。"向徒弟们传达本次党代会精神的同时,张怀红提出了更高要求:以"工匠精神"打造匠心服务,既是时代赋予的责任,更是中国智造走向世界、领先世界的必由之路,我们的目标就是焊接零偏差,为奋力谱写"强富美高"新江苏现代化建设新篇章不懈努力。

(1)结合案例1和视频资料,回答下列问题。

①主人公姓名:_____

②所在企业:_____

③所在岗位:_____

④岗位职责:_____

⑤岗位创新:_____

(2)2000年后,孟剑锋所在企业遇到了_____的困难;在新领导班子的带领下,企业转型升级,由以前的以_____业务为主,转为以_____为主的业务。这些业务要求员工具备_____。面对企业的发展困难,孟剑锋的选择和做法是_____。他的第一项创新是_____,这项创新对行业而言提升了_____,对企业而言增强了_____,对服务对象而言满足了其对_____的需求。

（3）结合孟剑锋完成《和美》纯银錾刻丝巾果盘等国礼的艰难制作过程，思考：如果是你，你会做出怎样的选择？

①你的方案：

②对比大国工匠的选择说明你选择该方案的理由。

（4）你觉得孟剑锋为何能取得这样的成绩？

（5）职业院校的学生如何践行工匠精神？

（6）_____追求，_____作风，_____是使命，_____是境界，_____是修为（请结合案例2填写）。

（7）请结合案例2填写下列问题。

①主人公的姓名：

②所在企业：

③所在岗位：

④岗位所需知识：

⑤岗位所需技能：

⑥岗位所需方法：

⑦简述岗位创新事迹：

（8）职业院校的学生怎样培养劳模精神？

子任务一　最美劳动者宣讲活动（寻找技艺达人，形成报告、进行宣讲，传播榜样力量）。

1. 访前

（1）教师引导，结合学生意愿和特长，形成四个小组：A 采访组、B 拍摄组、C 录音组（含速录）、D 宣传组。

（2）教师或组长联系技艺达人，协商参观访谈时间与安排。

（3）培训：如何做个合格的访谈人。（以 A 采访组为主，其他组辅助——查阅技艺达人所在行业企业发展史等相关资料及受访人前期公开资料；收集各个班级对受访人感兴趣的问题；头脑风暴，提炼访谈问题，形成采访提纲；访谈问题清单要提前发给受访方；列出访谈当天的时间表与注意事项；所有参与采访的人员注意着装和文明礼仪等。）

2. 访中

A 访谈组：精心准备，投入访谈，配合拍摄。

B 拍摄组：提前到场，合理安排拍摄场景，尽量多拍素材，有备无患。

C 录音组：确保录音，要备份。

注意：访谈后自由聊天环节，访谈组有问题抓紧提问，拍摄组抓拍细节并进行场景补拍。

3. 访后

A 访谈组：分享访谈所见所闻所感，撰写报告，配合视频拍摄剪辑工作。

B 速录组：整理录音文稿。

C 拍摄组：与老师协商剪辑框架和脚本、完成视频剪辑，形成访谈视频成品。

D 宣讲组：提前在全组内演练，然后在班级或系部（专业部）进行宣讲。

劳动教育

> 子任务二　构建我的"创意小镇"（组建团队，结合自己的专业，形成成果，并交流展示）。

（1）编写活动方案：活动主题、活动目的、活动的依据、活动创新点、活动准备、活动过程应注意的问题、预期的活动结果或效果。

（2）开展此项活动的过程性证据（如照片等）。

（3）活动结果或效果（他人的反馈、自己的心路历程或感悟等）。

> 子任务三　"乡村振兴"行动有我或"文明城市建设"行动有我（结合自己的专业，践行榜样精神）。

（1）编写行动方案：行动主题、行动目的、行动的标准（或依据）、行动准备、行动过程应注意的问题、预期的行动结果或效果。

（2）开展此项活动的过程性证据（如照片等）。

（3）行动结果或效果（照片前后对比、他人的反馈、自己的心路历程或感悟等）。

▶ **子任务四** 结合本模块的学习,试着从普通劳动者、大国工匠、全国劳模三方面谈谈你对马克思"劳动不仅是谋生的手段,更是通向客观世界与主观世界的媒介,也是实现人性至美至善、彻底自由的必由之路"这句话的理解,填写任务单。

劳动价值分析任务单

劳动者	劳动价值		
	个人层面	社会层面	国家层面
普通劳动者			
大国工匠			
全国劳模			

劳动教育

课后拓展

（1）成果展示（完成任务的成果，可以是照片前后对比、视频、报告、他人的反馈等）。

（2）劳动感悟（完成任务后自己的心路历程或感悟等）。

（3）榜样的力量（完成"最美劳动者宣讲活动"，传播榜样力量）。

（4）观看线上教学资源。

《大国工匠》故事

"中华绝技"展演活动宣传片

《文化大百科》湖笔

满族秧歌

中国工艺美术大师王树文首次原貌复制了"金瓯永固杯"

古人的审美有多高级

纹样的分类及中国传统纹样装饰风格的演变

充满智慧的中国古代建筑

快来感受娘娘们的气场！精美绝伦的花丝镶嵌

模块小结

劳动者是美的主体，人类各个时代的物质财富和精神财富都是由劳动者来创造和谱写的。劳动之美通过丰硕的劳动成果之美、灵动的劳动者之美和鲜活的劳动精神之美展现出来。劳动成果之美具体表现为劳动成果的历史文化效用之美、艺术之美、智慧之美和科技之美；劳动者之美通过职业形象之美、职业行为之美、职业道德之美展现；劳动精神之美通过劳模精神、工匠精神之美展现。劳动之美感召、影响、塑造着青年劳动者，建设世界、塑造自己，重新建构自我与自然、与社会、与他人的丰富关系，实现树德、增智、强体、育美的目的。而在平凡岗位上具备劳动精神、养成工匠精神、弘扬劳模精神的每一位普通劳动者，都在实现个人价值的同时，为社会创造价值，为中华民族伟大复兴奉献智慧和汗水！

模块八 探究劳动之创

学生在学习和借鉴他人丰富经验、技艺的基础上，更多地尝试新方法、摸索新工艺、发掘新技术，打破常规思维方式，积极创造，主动创新，挑战创业。关注劳动过程中的体验和感悟，感受创新创造过程中推陈出新的艰辛和收获的快乐，增强获得感、成就感、荣誉感。

理解劳动与创造、创新及创优的关系，树立正确的劳动价值观和职业道德观，培育和践行社会主义核心价值观，激发"崇尚劳动、热爱劳动、辛勤劳动、诚实劳动"和创造、创新、创优的热情和活力。

通过劳动实践提升创造性劳动能力，将劳动能力与专业技能相结合，争做热爱劳动、善于劳动、勇于创新劳动的高素质劳动者。

树立正确的劳动价值观和职业道德观，充分发挥创新才华，最大限度地调动和激发自己的积极性、主动性和创造性。

任务一

劳动与创新

课前认知

创新是什么？提到"创新"，你可能会想到科技创新、文化创新、技术创新、理念创新、模式创新……总之，是在人类的劳动中，有新的物质产生。

（1）第七届中国国际"互联网+"大学生创新创业大赛：敢创敢闯，南昌大学参赛项目斩获金牌。

第七届中国国际"互联网+"大学生创新创业大赛：敢创敢闯，南昌大学参赛项目斩获金牌

（2）《今日说法》世界知识产权日特别策划《俏花旦》与《琅琊榜》。

《今日说法》世界知识产权日特别策划《俏花旦》与《琅琊榜》

劳动知识

创新从哲学上说是一种人的创造性实践行为，人类通过对物质世界的利用和再创造，制造新的矛盾关系，形成新的物质形态。

创新是指以有别于常规或常人思路的见解为导向，利用现有的知识和物质，在特定的环境中，本着理想化需要或为满足社会需求，而改进或创造新的事物、方法、元素、路径、环境，并能获得一定有益效果的行为。

创新是一个民族进步的灵魂，是一个国家兴旺发达的不竭动力，也是一个政党永葆生机的源泉。人类文明进步所取得的丰硕成果，主要得益于科学发现、技术创新和工程技术的不断进步，得益于科学技术应用于生产实践中形成的先进生产力。

 劳动教育

中国正在改变世界创新版图

我国是创新大国,从制造"天宫"到化身"蛟龙",中国人梦想飞向太空,也在努力探索深海。如何才能抵达11 000 m的海洋最深处?什么样的空间站能帮助中国人登上月球甚至探索火星?在对于空间和海洋的探索中,创新引领梦想、塑造超越,也带来自豪与信心。探索者无畏,必将走得更远、飞得更高。

我们拿专利为例,给大家谈一谈中国的创新。

专利——一个国家或企业创新能力的反映。

中国苏州,好孩子集团。目前中国和欧、美三大市场,每2.9辆童车里就有一辆来自这里。其每年400多款创新产品的研发速度,让德、美具有百年历史的同行叹为观止。只需三步,约两秒钟,就可以折成杂志大小——这款集55项国内外专利于一体的小车,自上市以来即风靡世界,无数名人明星成为其粉丝。

人机交互和指纹识别的"独角兽"企业汇顶科技,近年在美国申请专利约200件。CEO张帆说:"全球化的竞争需要专利'保驾护航';我们的客户主要是国际知名终端品牌,他们对供应商的自主知识产权也非常重视。"

在代表全球最高水准的美国拉斯维加斯消费电子展上,4000名展商有1700名来自中国。英国《金融时报》网站刊文:"如此众多的中国参展商出现,以致一些代表戏称这个展会如今成了'中国电子展'。"

中兴通讯的折叠智能手机、华为的智能手表、阿里巴巴的刷脸支付……中国企业不仅展示出令人惊艳的"黑科技"产品,更逐渐改变着世界的创新版图。

大学生是创新的主力军

大学生创新能力的提高是项艰巨的历史任务,不可能在一朝一夕内就能解决,在大学生中营造起浓郁的创新氛围更不可能是一个人或一个组织的事情,除了国家和政府制定规范的创新方面的政策和提供必要的物质投资外,作为这项工程的主体,大学生更应该积极主动地参与其中,并与国家的创新体系相配合,形成呼应,拉近互动,最终为创新工程的建构共谱胜利之曲。

一要主动营造活跃的创新氛围。创新氛围的营造能为创新行为提供环境支持,积极热烈的创新场景可以使大学生本身产生创新的意识和灵感。一方面,大学生应该主动配合营建自己的创新团体,如宿舍、班级、社团组织等;另一方面,大学生应积极利用大学里的各种硬软件方面的环境资源,如图书馆、实验室等,这些场所

通常是培育和激发创新灵感的绝佳环境；同时，大学生不应该仅仅囿于大学校园，还应该主动走出校门，参加社会调研，让理论和实践相结合，在社会实践中发现问题、思考问题、解决问题，并在实际活动中及时反馈，形成最后的成果。

二是要培养科学的学习习惯。学习是永恒不变的真理。学习是一种获取知识、方法、思维的能力，是一种良好的习惯。朱清时院士在总结创新能力提高的技巧时说道，出色的科学家之所以能源源不断地有新成就，在于他们有从不枯竭的兴趣，并不断地培养自己的知觉，最后聚精会神地去研究它。由此看来，新发明、新发现和发明家的思维习惯和学习精神是分不开的。只有不断学习，不断总结，不断研究规律和方法，才能在变化的社会中始终保持定力，才能对自己提出新挑战，在提升中创新，在创新中发展，在发展中创新。

三是要打好专业知识的根基。创新成果大都来源于基础知识的深层次组合，没有坚实的知识积累和深厚的知识底蕴，是不可能孕育出优良发明的。多参加实践活动是提高专业素养的有效途径：在老师的帮助下进行科研训练可以充分利用实验室和科研资源，引导自身对于科学前沿的认识，提高实验动手能力；主动参加学校或者教育部门组织的学科相关竞赛能极大地提高快速学习能力，并检验自身时间管理和项目安排的能力；多参加读书会，借阅专业以外的书籍拓展自己的知识面；积极参加文艺体育活动，参加辩论队或演讲比赛，锻炼口才；培养一个人文的兴趣爱好，如绘画、摄影、徒步等；积极参加校外兼职活动，锻炼职业技能，了解行业产业的运行规律；参与产业基地或者公司实习，在拓展社会资源的同时摸清公司的基本运营流程。

案例一　金米村——创新"致富路"，启程"新奋斗"

"一山未了一山迎，百里都无半里平。"唐代诗人贾岛对秦岭南麓的土石山区地貌有着生动的描绘，他认为这样的地方"只堪图画不堪行"，而陕西省商洛市柞水县小岭镇金米村，就藏在这样的山区中。

十几年前，曾因"山上有金、地上有米"而得名的金米村，还是个"晴天一身灰，雨天两腿泥""吃水肩挑人抬，赶集翻山越岭"的贫困村，2015年贫困发生率达 21.85%，全村建档立卡贫困户有 188 户 553 人。

秦岭多宝，木耳就是其中一个。两年来，柞水县把木耳产业作为"一县一业"的重点来抓，带动贫困群众增收致富。金米村由此发生改变，2019 年底，贫困发生率降至 0.23%。

木耳产业发展技术要求高。柞水县作为科技部的定点帮扶县，由科技部牵头建立了部、省、市、县科技管理部门"四级联动"工作机制，创新探索了"三联三帮三带"科技扶贫模式，最大限度在政策、技术、资金等方面给予支持。

2018 年初，科技部选派了第 30 届科技扶贫团柞水县执行团团长利斌到县里挂职。到任后，利斌发现柞水木耳没有地方特色菌种，缺乏生产技术规范和质量溯源体系，导致生产成本高、风险大。他协调搭建了李玉院士工作站、木耳菌种繁育及深加工基地等创新平台，联系吉林农业大学、陕西科学院微生物研究所、阿里巴巴等单位和企业，全力突破木耳产业技术研发滞后、生产管理粗放、市场销售不畅、深加工产品匮乏等瓶颈，探索形成了科技驱动木耳产业发展的机制，促进木耳产业实现可持续、高质量、全链条发展，让当地农户稳健地走上了"致富路"。

"食用菌产业具有实现农业废弃物资源化、推进循环经济发展、支撑国家食物安全'三个特征'和不与人争粮、不与粮争地、不与地争肥、不与农争时、不与其他争资源的'五不争'特点，我们一定要全力支持柞水木耳产业的发展。"提到当初为何与柞水县合作，中国工程院院士、吉林农业大学教授李玉说道。

柞水木耳产业插上了科技翅膀。在李玉的带领下，吉林农业大学食药用菌科技创新团队在当地建立了院士专家工作站，先后派遣科研骨干人员 30 余人次，累计培训农户和技术人员千余人次，为柞水选育出 5 个宜栽品种大面积推广，并研发出木耳超微粉、木耳益生菌等示范产品，有效提升了附加值。

同时，依托陕西科学院微生物研究所的技术力量，当地建成了木耳技术研发中心，成功培育出羊肚菌、竹荪等珍稀食用菌。借力西北大学和阿里云的技术，柞水建成了全国首家集生产管理、农户指导、质量溯源等于一体的木耳大数据中心，有效提升了产业管理水平。

目前，柞水已搭建了木耳研发中心、大数据中心、原种繁育中心、培训中心及木耳主题公园、博物馆等平台，研发出了木耳菌草茶、益生菌、挂面等深加工产品，通过"借袋还耳""借棚还耳"、土地流转等方式，帮助全县 6944 户产业扶持户户均年增收 5000 余元，稳固了长效产业脱贫之路。

利斌说:"科技在柞水木耳产业发展中发挥了积极作用,未来我们将加大关键环节技术攻关和科技元素植入,在抓好木耳废弃菌包综合利用的基础上,全力推动木耳全产业链发展,让更多群众增收致富。"

案例二 "哥德巴赫猜想"第一人——陈景润

数学家陈景润(1933年5月22日—1996年3月19日),汉族,籍贯福建省福州市。中国著名数学家,厦门大学数学系毕业。数学家陈景润1966年发表《大偶数表为一个素数及一个不超过二个素数的乘积之和》(简称"1+2"),成为哥德巴赫猜想研究上的里程碑。

陈景润在福州英华中学读书时,有幸聆听了清华大学调来的一名很有学问的数学教师沈元讲课。他给同学们讲了一道世界数学难题:"大约在200年前,一位名叫哥德巴赫的德国数学家提出了'任何一个大于2的偶数均可表示两个素数之和',简称1+1。他一生也没证明出来,便给俄国圣彼得堡的数学家欧拉写信,请他帮忙证明这道难题。欧拉接到信后,就着手计算。他费尽了脑筋,直到离开人世,也没有证明出来。之后,哥德巴赫带着一生的遗憾也离开了人世,却留下了这道数学难题。200多年来,这个哥德巴赫猜想之谜吸引了众多的数学家,从而使它成为世界数学界一大悬案。"老师讲到那里还打了一个比喻,数学是自然科学皇后,"哥德巴赫猜想"则是皇后王冠上的明珠!这引人入胜的故事给陈景润留下了深刻的印象,"哥德巴赫猜想"像磁石一般吸引着陈景润。从此,陈景润开始了摘取数学皇冠上明珠的艰辛历程……

为了使自己梦想成真,陈景润不管是酷暑还是严冬,在那不足 $6 m^2$ 的斗室里,食不知味,夜不能眠,潜心钻研,光是计算的草纸就足足装了几麻袋。1957年,陈景润被调到中国科学院研究所工作,作为新的起点,他更加刻苦钻研。经过10多年的推算,发表了他的论文《大偶数表为一个素数及一个不超过二个素数的乘积之和》。论文的发表,受到世界数学界和著名数学家的高度重视和称赞。英国数学家哈伯斯坦和德国数学家黎希特把陈景润的论文写进数学书中,称为"陈氏定理"。

 劳动教育

智能农业、精准农业、绿色农业……当农业遇到了科技，农业也会变得很酷！你见过哪些农业方面的"黑科技"，请与大家分享。

陈景润的坚持不懈成就了他的梦想，反观自我，我们自己对什么非常有兴趣，有什么非常愿意花费时间和精力去探究的事情？请你认真审视自我，找出自己的兴趣点。

▶ **子任务一**　请同学们以"发明创新实现梦想"为主题开展一次大学生创新发明竞赛活动，通过团队协作来提升科技创新意识和实践动手能力，营造大胆创新、勇于实践、积极创业的良好氛围。

▶ **子任务二**　请有过大学生创新创业大赛经历的同学进行经验分享，并与同学们进行互动交流，鼓励大家人人参与大赛，人人参与创新。

▶ 子任务三　开展成果展示活动。

请将"发明创新实现梦想"主题活动的作品通过视频、图片的形式展示出来，主创团队依次做路演，介绍团队的创意、思路和发明过程。

为大家强烈推荐中央电视台6集纪录片《创新中国》，它是一部讲述中国最新科技成就和创新精神的纪录片。它关注最前沿的科技突破、最新潮的科技热点，聚焦信息、制造、生命、能源、空间与海洋等深具影响的领域，在宏大的国际视野里探讨中国的创新成长及由此引领的世界影响。该片在制作中创新性地使用了语音合成技术，是世界首部采用人工智能配音的大型纪录片。

《创新中国》

任务二

劳动与创业

你了解创业吗？创业需要有什么条件，需要具备什么素质？

中央电视台大型青年创业实战公开课——《创业英雄汇》，寻找具有增长潜力的创业项目，集合重量级创业导师及数百名专业投资人，以资金、技术、资源等方面的支持，为创业者搭建一个展现自身价值、实现梦想的舞台。

《创业英雄汇》

创业的"正确姿势"

首先，我们来看看创业的几种基本模式。

（1）独立创业。完全自己设计、构思创业的产品和商业模式，自创品牌，从无到有地创办和发展。

（2）合作创业。有的创业者手里有项目，有的有创业优势、资源，他们通过寻找合作伙伴，实现资源和资金的整合，共同创业。

（3）在家创业。如利用农村环境为旅游的人提供农家乐和农家饭服务；在家里做产品加工等。

（4）电子业务。如在网上开个网店，售卖当地特产或者衣服等。

（5）转让经营。如餐馆或者零售店因为种种原因转让，其他人收购接手经营。如果原来的企业有客户和业务量，创业就比较容易。

（6）承包经营。如向原来的业主缴纳一定的承包经营费，得到一家企业的经营权。这种方式可以降低办企业的启动资金，也不用经历企业刚创业的很多艰苦。但是一般来说，承包经营的企业大多存在负债或者产品销售不畅的情况。

（7）特许加盟。创业者加盟别人的企业，成为别人品牌和企业模式的复制经营者。经营者经过考察，向特许方或者盟主缴纳一笔加盟费或者品牌使用费等，就可以在别人已经成功的企业模式上开始经营。

（8）经销和代理。选择某个产品，成为其代理商和经销商，做产品的批发零售业务。

其次，创业应该具备什么条件呢？

创业是一项有风险的活动，"怎样才能成功创业""创业前应做哪些准备"等问题，成了大家普遍关心的问题。

创业准备一般包括自身条件准备、创业项目确定和创业条件准备三个方面。具体来说，最重要的有六个条件：有资金、有市场、懂业务、会管理、聚人才、知法律。其中，资金、市场和业务是成功创业的基础条件，管理、人才和法律知识是成功创业的必要保证。

最后，创业必备哪些要素？

（1）产品。是否掌握某种商品的供货渠道，有良好的货源；如果做的是服务业，那么有没有足够的条件，可以提供所需的服务；有没有产品生产的技术。

（2）市场。是否熟悉未来的客户；竞争对手比我们有多少优势；我们的产品能不能销售出去，市场有没有需求。

（3）资金和人脉。有没有足够的创业资金，能从外面筹集多少资金；有没有人脉，帮助我们完成创业。人脉对创业者来说十分重要。尤其是在当前市场经济条件下，搞好人际关系，对创业者顺利完成创业活动将起到积极的促进作用。每一个人在衣食住行等方面都不可能脱离社会群体，总要直接或间接地与他人发生联系。这样，创业者就会在自己的生活范围内逐步形成一个相对稳定的关系网络。这个关系网络对于每一个创业者来说，都是一笔不可多得的财富。

（4）项目。项目是成功最重要的条件，一个好的项目，是成功的一半。项目必须通过慎重的选择和细致的市场调查。

正确的创业观

（1）审时度势，与时俱进。时代变革及市场发展都会直接影响到人们的生活方式和理念，也会影响到消费水平和市场需求，因此需要用发展的眼光来做好长远的规划和安排，并且能够随时掌握市场行情，分析发展趋势，调整战略和规划，始终

走在正确的发展道路上。只有具备这个创业观念，并能在市场上发展得如火如荼，并能运营得得心应手。

（2）脚踏实地，吃苦耐劳。创业不是短期内就能取得可喜成绩的，也不会轻而易举获得成功，在整个漫长的创业过程中，必须具备创业精神，脚踏实地积极进取，保持昂扬的姿态和精神，更要吃苦耐劳。商场如战场，没有硝烟的战争更为残酷，必须做好充分的心理准备，具备投资意识和风险意识，一步一个脚印地迈向更高的发展舞台。

（3）注重创新，多元发展。各个行业的市场发展都是瞬息万变的，此时不能固化思维，更不能不思进取，理应具备创新意识，积极主动地去迎接挑战实现自我突破。无论是科技创新，还是产品及服务创新，乃至经营方式和营销模式的创新都是不能少的。当市场竞争越来越激烈之后，谁能引领潮流，谁才能占据主动权，这不仅是正确的创业观念，更是一种生存法则。

（4）诚信经营，以人为本。诚信是必须具备的创业观念，不能为了贪图眼前的利益，或是牟取暴利，就做出违背职业道德并触犯法律底线的事情。一旦损害了消费者或是客户的利益，就意味着形象、信誉和口碑会在市场上荡然无存，终究得不到长远的发展。创业者们不仅要讲诚信，还要注重人才培养和团队建设，发挥团队力量才能提升战斗力和凝聚力。

大众创业、万众创新

20世纪80年代以来，中国上下同欲、勠力同心，破旧念、革陈规、改机制，极大解放了社会生产力和个人活力，为中国"闯"出一条改革开放新路。如今，双"创"传承了这种精神。

"大众创业、万众创新"，不单指科技、商业、文化等领域的"创"，它更在意观念之"创"、制度之"创"。观念和制度创新的魅力就在于，它可以激发亿万民众的创造活力，从而根本上改变亿万民众的命运。当初的农村家庭联产承包责任制正是基于此的一种创新。其中所蕴含的"放开、搞活"原则，到今天仍然没有过时。而"双创"的根本宗旨，就在于激活社会每一个细胞，实现更充分的就业，让经济社会肌体变得更加充满生机。

推进大众创业、万众创新，是发展的动力之源，也是富民之道、公平之计、强国之策，对于推动经济结构调整、打造发展新引擎、增强发展新动力、走创新驱动发展道路具有重要意义，是稳增长、扩就业、激发亿万群众智慧和创造力，促进社会纵向流动、公平正义的重大举措。

案例一　吴晓英——身残志坚，传承蒙绣技艺永不言弃

北京经济管理职业学院学生、蒙古族刺绣非遗第六代传承人吴晓英被评为"北京巧娘"，在2021"北京礼物"旅游商品及文创产品大赛中获得"TOP100总榜单奖"；所带团队被评为2021年北京地区高校大学生优秀创业团队；获得入驻北京高校大学生创业园（理工园）的资格……吴晓英喜极而泣，外人很难想象，这位年过五旬且身有残疾的女性是如何取得今天这些成绩的。

身残志坚，传承蒙绣技艺开始创业

54岁的吴晓英幼时不幸患上小儿麻痹导致双腿残疾，身残志坚的她没有屈服于命运的安排，从9岁开始跟随母亲、姑姑、姨妈等长辈学习传统蒙古族手工刺绣技艺。在身为蒙古族传统刺绣非遗传承人的母亲阿拉塔琪琪格的精心教导下，她学会制作蒙古族传统服饰——巴特尔马甲、蒙古族头饰、蒙古族齐肩长褂等民族服饰，成为这门技艺的第六代传承人。

1993年，吴晓英来到北京平谷打拼，卖过大桃、推销过药品，还干过照相制版师、企业内刊主编等工作。2008年下岗后，面对85岁高龄的婆婆、残疾的丈夫和14岁的女儿，不服输的她选择自主创业，创建了北京盈盛悦刺绣部，产品包括苏绣旗袍绣花、蜀绣挂画、京绣首饰盒、手工刺绣香包等。

拿着仅有的2800元启动资金，吴晓英顶着冬日的凛冽寒风，拖着残疾的双腿在外奔波，费尽周折才拿到进出口贸易公司发来的第一批订单，顾不上庆祝就马不停蹄地开始制作。屋里凉飕飕的，冻得双腿钻心疼痛，为了尽快完成这来之不易的订单，她每天起早贪黑地刺绣，根本没有时间休息。

经过35天夜以继日的努力，吴晓英终于高质量完成了绣制作品，得到国外客户

的认可。捧着靠刺绣技艺赚到的第一笔薪水，她的泪水奔涌而出，一种从未有过的欣慰和成就感包围了她，"虽然双腿残疾，但我还有一双健康勤劳的双手，完全可以实现自己的梦想。"吴晓英说。

为了更好地和国外客户交流，吴晓英学习上网了解行情、写博客、用商务通和客户交谈，并自学了英语和日语，还学会使用QQ和微信。2010年5月，她带着《红楼群芳》《巨龙腾飞》等绣品受邀参加上海世博会北京周的宣传展览。看着老外们惊讶的表情，听着他们"OK"的赞扬，她自豪地挺起胸膛，创业的信心更足了。

扶残助残，积极参与多项公益事业

然而，天有不测风云，正当吴晓英准备大干一场的时候，她的丈夫患上肺肿瘤，高额的医疗费几乎倾尽家中所有。为了凑足手术费，她一横心卖掉一半原材料，让丈夫完成了手术。在她最困难的时刻，北京市多家爱心团体伸出援手，不仅送来关心慰问，鼓励夫妻俩要坚强，而且给予实质性帮助。2010年12月，市妇联帮助她的刺绣部申请了30万元市级重点项目资金，平谷区残联为她申请了1万元残疾人自主创业资金，刺绣部得以在原址上改扩建；2011年，她被评为"北京市残疾人自强模范"。雪中送炭的情谊如阳光般温暖了这个坎坷的家庭，笼罩在吴家上空的阴霾逐渐散去。

得到各方关怀的吴晓英懂得感恩，总想力所能及地回报社会。2013年，她在满洲里、绥芬河建起两个边贸网点，承接绣花旗袍项目。2016年，她帮助内蒙古乌兰察布市化德县残疾人张利娜成立残疾人互助协会，教她们旗袍盘扣、中国结等工艺品制作技术。

十多年来，吴晓英开办针对残疾人的免费技术培训班累计培训6682人次，既增加了残疾人的经济收入，又激发了他们创业就业的热情。和吴晓英一起从事刺绣的姐妹们最多时有102人，其中残疾人40名。同时，她参与了汶川、玉树灾区捐款，贫困母亲救助，还与内蒙古、北京平谷的两个家庭结成爱心对子，贡献微薄之力。"我是一名有着10年党龄的党员，为公益事业做贡献是我的责任和义务。"吴晓英说。

勇战病魔，勇敢面对命运的恶浪

命运似乎非常喜欢捉弄这位吃苦耐劳的女性。2015年1月，一纸癌症的诊断书犹如晴天霹雳般击中吴晓英，她整个人的思维陷入空白。接下来的几个月，她穿梭在各大医院之间问诊，治疗间隙还要处理订单。当时，她的心中只有一个念头：只要我活着，就要保证工友们有活儿干。

2015年3月，吴晓英接受了手术治疗，随后进行放化疗，无论多痛苦她都没有放弃，因为她知道，只有和病魔殊死搏斗才有生的希望。在此期间，平谷区残联为她垫付两万元医疗费，工友们也纷纷慰问她。经过几个月的治疗，病情趋于稳定后，她整合资源，借助"互联网+"的东风创建了一个残疾人网络销售平台，开设两家网店。

2019年9月，吴晓英设立蒙古族服装服饰手工刺绣项目，制作富有少数民族特色的手工刺绣香包、头饰、服饰等产品。她与北京市残联、内蒙古残联建立框架性合作关系，帮助当地残疾人承接中国结制作、汽车坐垫加工等项目。她还通过上海某平台对接俄罗斯、阿富汗等国的客商，通过商务部港澳台侨联谊会拓展合作渠道。

创业以来，吴晓英先后获得巾帼创业明星、北京市残疾人自强模范、首都巾帼创业先锋等诸多称号。

提升自我，半百之年重回校园深造

吴晓英的业务一直处于手工制作的个体经营状态，为了提升自我，实现更大的社会价值，半百之年的她毅然选择重回校园深造，希望通过拓展知识和实践层面突破现有技艺传承的局面。

近年来，国家大力推动职业教育改革，高等职业教育迎来发展的春天。2020年，北京经济管理职业学院进行扩招，采取弹性学制和灵活多元的教学模式，为退役军人、下岗失业人员、农民工和新型职业农民等群体提供学历教育，有效实现"工学结合"，幸运的吴晓英成为北京经济管理职业学院2020级宝玉石鉴定与加工专业的一名在校生。

她珍惜来之不易的学习机会，每周末辗转倒上几次公交车到校学习。在老师的专业指导下，结合自己的实践经历，她在专创融合、行业转型、带动就业、产品升级等方面有了更深认识，学会进一步拓展上下游产业链和品牌打造。

"绣美英华新蒙绣工作室"入驻北京高校大学生创业园理工园

2021年6月，在学校的大力支持下，她带领"绣美英华——打造国潮新蒙绣第一品牌"团队参加了北京地区高校大学生优秀创业团队评选活动。经过初赛网评、

复赛和决赛路演,该项目在全市近百所本专科院校的2000余个参赛项目中脱颖而出,荣获优秀创业团队二等奖。

同时,考虑到她迫切需要有实操条件的场地支持,学校就业创业指导中心全面指导她做好大学生创业园的入驻申请,应对入驻答辩,并与大学生创业园多次协调推荐,最终助她获得入驻北京高校大学生创业园(理工园)的基本条件。这也是该校自2020年12月"冰山数据"团队入驻大学生创业园后的第二支入驻项目团队,是全校首支非实创、求孵化的项目团队。

好消息接二连三:她的作品《树叶盘金刺绣挂件书签系列》在2021"北京礼物"旅游商品及文创产品大赛中获得"TOP100总榜单奖",并在北京市中小企业创新创业大赛暨"创客北京2021"创新创业大赛中夺得创客组前五十强。

制作北京冬奥会、冬残奥会颁奖花束和佩饰

2021年,受到冬奥组委会的邀请,吴晓英及团队承担了北京冬奥会、冬残奥会颁奖花束和佩饰的制作。吴晓英以针为笔,自强不息,用蒙绣传递中国优秀文化;以线为墨,发扬工匠精神,以蒙绣开启人生新境界。

这个外表瘦小的女性心中一直燃烧着熊熊火焰,要把蒙古族非遗刺绣技艺传承下去,带动更多人学习中国传统技艺。

案例二 山西财贸职业技术学院双创之星——梁永强

梁永强,男,1993年7月生,中共党员,系山西财贸职业技术学院2020级扩招学生,梁永强于2013年底回村创业,创业期间积极学习,积极投身"双创"事业建设美丽乡村。创业期间荣获山西省五一劳动奖章、太原市时代新人等荣誉。

梁永强2013年高中毕业后赴上海学习创业,于次年回乡创业。期间曾多次参加全国农村致富带头人培训,中组部、农业农村部等部门组织的学习培训来增强个人能力,积极投身"双创"事业,建设美丽乡村。他兴办龙兴苑养殖场,形成了从孵化、育雏、养殖、销售一条龙的产业链。同时先后带队通过考察学习帮助村民淘汰劣质杏树品种,并优化杏树5000余株。

梁永强在山西财贸职业技术学院就读期间,勤奋学习专业知识,并主动发挥自身的优势,在学院教师的指导下,作为负责人带领环境艺术设计系四名学生组成创业团队,以"众创e农"科技示范基地项目入驻学院创新创业孵化中心,该项目以专业学生团队为班底,学院春芽工作室为技术指导,加强政府部门工作,联合各领

域企业，积极开展农业创新创业。

目前，"众创e农"项目已经成熟落地，通过注册商标"风峪沟""晋萌"等品牌，举办红杏采摘节，开办农家乐，推广本地特色农产品，组建修树技术队，拓宽农民增收渠道。创业事迹先后被山西电视台、太原电视台、太原日报、太原晚报等媒体报道。获得了政府部门的信任和支持，培养出了一批"学得好、用得上"的广告专业人才，职业教育的成果转化取得了阶段性成效，政校企三方共同努力为巩固脱贫攻坚成果、助力乡村振兴、加快农业农村现代化探索出了一条初步可行的新路子。

案例分析

两个案例的主人公都有一个共同的身份：_____，我国的职业教育制度体系不断完善，适应社会经济发展的能力不断增强，为构建人力资源强国、推进社会主义现代化建设夯实了人才之基。

请你谈一谈两个案例的主人公身上都有哪些闪光的品质。

_____
_____
_____
_____
_____

身体力行

● 子任务一　我的创业策划书。

对于大学生们来说，找到一个创业的好主意其实并不是那么难，只要你善于发现、勤于思考、乐于钻研。请你结合自己的专业特长，或者自己家乡的特色产业设计一个创业项目策划书，内容包括项目简介、公司规划、创业组织、产品设计、市场预测、生产计划、营销计划和财务计划，并对项目实施的可行性、创新性和风险评估进行论证。

劳动教育

▶ 子任务二　创业政策早知道。

你知道创业补贴是多少钱吗？你知道有哪些免费的创业培训吗？

大学生是"大众创业、万众创新"的生力军，国家鼓励大学生创业，请同学们查阅政府网站，对大学生创业的政策进行梳理。

▶ 子任务三　劳动创业之所思。

创业有成功，就会有失败，你做好经受挫折的心理准备了吗？在市场竞争日趋激烈的情况下，大学生创业成功与否，不仅取决于是否有强烈的创业意识、娴熟的专业技能和卓越的管理才华，而且在更大程度上取决于其面对挫折、摆脱困境和超越困难的能力。请结合中央电视台大型青年创业实战公开课——《创业英雄汇》谈一谈你对劳动创业的体会。

课后拓展

请同学们通过网络了解一下"创客中国"创新创业大赛，并积极参与。

任务 三
劳动与创造

（1）金箔是将金片包入乌金纸反复捶打而成的，其锻造过程包括黄金配比、化金条、淋帖、拉金条、锤帖、斩帖、沾金链子、打铠纸、烘炉、装硅、烘镴生、打了细、放皮盘、切金箔等十余道工序。

工艺复杂的金箔锻造技艺

（2）"一根藤"又称"和合藤""万年藤"。许多小木条通过榫卯拼接、回环穿插，盘曲成首尾相连的吉祥图案，其造型酷似生生不息、连绵不断的山间野藤，"一根藤"的名字也由此得来。古人相信，这种门窗上的木作是有生命的，延绵不断的藤蔓本就寓意常青不老、

一根藤的制作需要二十多种榫卯结构的巧妙运用

幸福圆满，而木所盘曲的图案，或呈现福禄寿的喜气或传递美满如意的祝愿，始终伴随居者的生活，兼具实用和审美价值，是我国木作技艺的瑰宝。

（3）在我国，琉璃瓦被建造使用的历史可以追溯到北魏，这是琉璃制品中最早被运用于建筑中的构件。在北魏以前，屋面多用布瓦覆盖。布瓦质地粗糙，吸水率高，较之草顶虽有一定的防雨效果，但雨雪过后，布瓦吸足了水分，重量就会大大增加，严重威胁建筑安全。因此，琉璃

要使琉璃瓦达到完美品质关键在于两窑烧造法

瓦的出现给我国建筑带来了新的活力，它的优点极其鲜明，琉璃瓦不吸水，降雨后屋面荷重不会再增加，从而保证了屋顶重量的稳定性；而且琉璃瓦在涂釉之后，瓦面十分光洁，雨水流动通畅，大大加强了屋面排水效果，解决了漏雨问题。这两个问题的解决充分彰显了琉璃制品的优越性，使之成为一种重要的屋面建筑材料，广泛用于各类建筑之中。

劳动知识

通过观看课前认知视频，大家能体会到劳动创造了世界、创造了幸福生活吗？你能列举出劳动在发明创造中发挥作用的具体例子吗？

劳动人民的智慧是无穷的。劳动是人类最伟大且具有创意的活动，无数的奇迹印证着劳动的伟大。在不同的地域、时代，中国劳动人民的智慧都是无穷的，人们在劳动中摸索、总结着自然的规律，积累着劳动的智慧，并且不断地传承。

梯田——万千劳动创造的神奇之一，在我国的土地利用规定里，坡度大于25度的山坡，是不适合农耕的，需要退耕还林或还草。然而，在人口密度很大的山区，不得不利用坡地种植作物……

于是，梯田就成为把坡地变成平地的土地利用手段之一，梯田也是人类在长期的农业实践中摸索出的重要农耕经验。

在中国，梯田的分布很广泛。

我国的梯田按照形成的时间大致可分为两类：一类是依托温度高、降水较多等良好的自然环境，在劳动人民长期的努力下形成的梯田，主要分布在江南山岭地区，其中广西、云南居多，这是因为这些地方雨水比较多，又多山；另一类是在干旱、水土流失严重等恶劣的环境下，靠人力和机器在近几十年新修的梯田。

不同类型的梯田各有千秋，凝聚着不同民族、不同文化的智慧。良好的梯田农业，不仅解决了可耕地面积少的问题，而且解决了水土流失的问题。

让我们来共同领略这一农耕智慧的结晶吧！

广西龙胜的龙脊梯田

广西龙胜的龙脊梯田像极了现代派的抽象画，梯田蜿蜒的曲线行云流水般地层叠着，从山脚一直绕到山顶。龙脊梯田始建于元朝，大自然的鬼斧劈出了山，人们又用血汗在山上开出了梯田，岁月流转，方才完成了这幅傲立于天地间的巨画。

云南红河哈尼梯田

哈尼梯田所在的大山，是哀牢山的东南段，深切延绵的哀牢山，在红河南岸丝毫不减气势。在1000多年前，当哈尼人来到哀牢山时，所做的第一件事就是在山的上半部分靠近森林水源之处挖筑大沟，这条条大沟如千万条银链把大山拦腰一捆，将溪泉、瀑布、龙潭流出的山水悉数截入，然后在大沟下方挖出层层梯田。森林、村寨、梯田、河流，把山民们的日子紧凑地贴在了大山上。

色曲上游河谷中的传统藏族梯田

可能很少有人知道藏族也有梯田，在西藏山南的西巴霞曲干支流河谷中，分布着多处梯田。在色曲河谷中的雪萨乡附近，你可以看到两岸几乎呈 45° 的陡峭坡地上，竟然也有层层叠叠的梯田。

在海拔 4000 m 以上的高原地区，如此壮丽的梯田实在是令人惊异的景观。据县志记载，这些梯田并不是现代农业的产物，而是早已存在的传统农耕方式。

"反常规"建造，开创地下工程领域新纪元

作为世界首个建造在废石坑内的自然生态酒店，世茂深坑酒店通过《大国建造》的镜头，为人们揭开了这个"世界建筑奇迹"背后的建造密码与初衷理念，展现了工程建造领域的全新探索和技术分享，也为世界范围内地平线下人居建筑的发展提供了宝贵经验。

在深达 88 m、坡度几乎垂直的场地内，世茂通过周密的计算验证和技术创新，爆破、加固、打桩、运送施工材料、安装塔吊、抗震、防水等每一步，几乎都在破解施工史上史无前例的"超纲难题"。在这个过程中，世茂运用了 BIM 三维模拟技术，并首创了"一溜到底"运输技术，最后成功打入 6000 多根构件，加固面积达 5760 m^2，成为一座依地势而建、安全牢靠的"挂在悬崖上"的超级建筑。

这个"超级工程"的背后，是 7 年的反复测算论证、5 年施工周期、2 年"一桩一探"桩基工程……面对全新的建筑形态、超越常规的建筑常识和难以想象的工程难度，世茂克服了 64 项技术难题，其中完成专利 41 项，已授权 30 项，开创了世界建筑史上的奇迹。

情怀落地，梦想兑现。2006 年，世茂集团董事局主席许荣茂偶然与废弃多年的天马山深坑结缘，从此，将"自然伤痕"变为"城市瑰宝"的梦想由此开启。为了真正实现在自然中生长的酒店，世茂最大程度尊重崖壁、瀑布、水潭、山丘等自然形态，酒店的曲线造型即是贴合崖壁的自然弧度设计而成的，同时，四台垂直电

 劳动教育

梯外的玻璃幕墙，也是按照瀑布的流线进行打造的。更难得的是，深坑酒店保留了200余株野生树木、植被，以及原有的采石栈道和鸽子洞等遗迹，使之成为深坑人文印记的一部分。

以"城市治愈自然"为理念，通过12年"造梦记"，世茂终将梦想照进深坑，实现了弥合自然创伤、为城市创造稀缺价值的初衷，也印证了纪录片中那句"真正富有创造力的心，才是这个世界开采不完的宝藏"。

新中国成立以来，特别是进入新时代以来，在党的领导下，千千万万奋斗在各行各业的劳动者，在平凡的岗位创造了不平凡的业绩，用智慧和汗水谱写了"中国梦·劳动美"的精彩篇章，以实际行动诠释了"社会主义是干出来的，新时代是奋斗出来的"。

（1）世茂深坑酒店的建设令人叹为观止，你知道其在建造过程中用到的专利技术有哪些？

（2）向地下80 m输送浇筑混凝土的问题是如何解决的？

（3）你对世茂深坑酒店的设计还有哪些建议？

子任务一 手工 DIY 废品旧物大改造。

每个家庭都会或多或少地囤积旧物，饮料瓶、纸盒、木板……我们可以用一些小创意令这些家中旧物变废为宝。

任务记录

DIY 图片展示：

创意介绍：

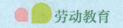

▶ 子任务二　主题宿舍创意设计。

你的宿舍是什么风格？运动风、温馨风、创意风，或是极简风？请大家开展一场主题宿舍创意设计大比拼，由老师和全体同学共同评价打分，看看你的宿舍是否榜上有名。

任务记录

宿舍图片展示：

创意介绍：

▶ 子任务三：我的小发明。

你想成为发明家吗？

普通人也可以发明创造，每个人都能发明创造，特别是青年人思想活跃，有发明的动力、创新力。

请同学们开动脑筋，花些心思，在自己喜欢的领域细致观察，尝试着做出自己的小发明吧！

任务记录

小发明图片展示：

创意介绍：

模块小结

　　劳动铸就梦想，奋斗开创未来。当今大学生是第一个百年奋斗目标的见证者和受益者，是实现第二个百年奋斗目标的参与者和奋斗者，更是大众创业、万众创新的生力军，兴起创新创业热潮是时代的呼唤和需要，是我国深入实施创新驱动发展战略的重要支撑。青年朋友们要广泛参加社会实践活动，扩大锻炼机会，在实践和模仿中培养、提升认知和灵感，逐步明确创新创业的实践方向，同时不断提高科研能力，坚持知行合一，诚信为本，发扬好团队精神，提升创造、创新和创业能力。